문해력이 쑥쑥!

KB088908

1 초등학교 저학년
어휘편

초등 문해력
어휘 100개의 힘

하루 5개씩 생활 속에서 자주 사용하는 어휘와 교과서 수록 어휘를 익히고 활용하는 연습으로 문해력의 기초 만들기 (부록 100단어 따라쓰기 포함)

2 초등학교 저학년
문장편

초등 문해력
문장 100개의 힘

하루 4쪽씩 문장을 익히고 여러 가지 방법으로 문장 짜임을 공부하고 교과 문장을 익히며 기초 문해력 완성

3 초등학교 저학년
관용구&속담편

초등 문해력
관용어와 속담 80개의 힘

하루 4개씩 일상에서 자주 사용하는 관용어와 속담을 익히고 활용하며 생활의 지혜를 얻는 초등저학년 문해력 완결판

문해쑥쑥① 어휘편

초판 1쇄	2024년 3월 25일
글쓴이	(사)한국문예원언어콘텐츠연구원
	오정옥, 원예경, 장임경, 김희정, 박주희
책임감수	오길주, 조월례
펴낸이	조영진
펴낸곳	고래가숨쉬는도서관
출판등록	제406-2006-000090호
주소	경기도 파주시 회동길 329 2층
전화	031-955-9680~1
팩스	031-955-9682
이메일	goraebook@naver.com
디자인	로뎀

글 ⓒ (사)한국문예원언어콘텐츠연구원 2024

ISBN 979-11-92817-27-9
ISBN 979-11-92817-26-2 (세트)

* 값은 뒤표지에 적혀 있습니다.

* 잘못 만든 책은 구입하신 서점에서 바꾸어 드립니다.

* 책의 내용과 그림은 저자나 출판사의 서면 동의 없이 마음대로 쓸 수 없습니다.

KC **품명**: 도서 | **전화번호**: 031-955-9680 | **제조년월**: 2024년 3월
제조국명: 대한민국 | **제조자명**: 고래가숨쉬는도서관
주소: 경기도 파주시 회동길 329 2층 | **사용 연령**: 8세 이상
* KC마크는 이 제품이 공통안전기준에 적합하였음을 의미합니다.

우리말
바로쓰기

문해
쑥쑥

하루 5개
20일
완성

1
초등학교 저학년
어휘편

(사)한국문예원언어콘텐츠연구원

고래가
숨 쉬는
도서관

왜 문해 쑥쑥?

문해력이란 '글을 읽고 이해하는 능력'으로, 새로운 내용을 창작하고 의사소통하는 능력까지 포함합니다. 연령에 상관없이 누구에게나 필요한 역량이며 '초기 문해력 – 기초 문해력 – 기능 문해력' 순으로 발달합니다.

초기 문해력　　　　기초 문해력　　　　기능 문해력

초등 저학년 시기에 기초 문해력을 탄탄히 다지는 것은 이후 여러 교과 학습을 잘 하기 위한 필수 조건입니다. 우리말바로쓰기 <문해 쑥쑥>을 통해 어휘와 문장의 정확한 의미와 쓰임을 익히고, 스스로 능숙하게 활용하면서 문해력을 탄탄하게 다질 수 있습니다. 초등학교 시기는 평생에 사용할 기본 어휘를 배우는 시기입니다. 책을 읽고, 듣고, 말하고, 글을 쓰면서 수많은 어휘를 만나게 되는데 이때 반듯하게 잡아놓은 문해력 기초가 평생의 학습과 의사소통에 큰 힘을 실어줄 것입니다.

문해
쑥쑥①
(어휘편)

초등 저학년 어휘력 향상을 위한 교재입니다.
생활 속에서 많이 사용하는 단어와 교과서에 수록된
여러 유형의 단어들을 활용하였습니다.

어휘력은 문해력 향상을 위한 필수 조건입니다. 어휘력이 약해 책을 읽고도 내용 파악이 잘 안되거나 맥락을 이해하지 못한다며 걱정하는 경우가 많습니다. 학교나 가정에서 듣고 배우는 생활 어휘는 기초 어휘력의 밑거름이 되는 것으로, 이 책에서는 교과어휘와 함께 생활어휘를 강조했습니다.

우리말바로쓰기 <문해쑥쑥 ①>(어휘편)의 내용은 이렇게 구성했습니다.

 우리말 바로쓰기 문해쑥쑥①(어휘편)의 내용과 구성

1 다양한 어휘를 활용한 예문으로 어휘력개념과 활용을 안다.

2 문장 속 어휘를 활용하여 정확한 표현을 하도록 돕는다.

3 유의어. 반의어. 다의어. 동음이의어. 예삿말과 높임말 등 적절한 어휘사용을 이해한다.

4 어휘 적용 문제를 풀면서 어휘 활용 능력을 향상시킨다.

5 하루 다섯 개의 어휘를 학습하면서 일주일간 25개씩 총 4주간 100개의 어휘를 익힌다.

하루 학습, 한 주간 공부와 복습, 주차 정리의 과정을 통해 한 주를 마무리한다. 한 주를 학습 후 책 속 부록인 '100단어 따라쓰기'를 하면 자신도 모르게 어휘력이 높아져서 읽는 힘, 쓰는 힘이 부쩍 성장한 것을 느낄 수 있을 것입니다.

(사) 한국문예원언어콘텐츠연구원
Korea Moonyewon Language Contents Institutue

구성과 특징

1주간의 구성을 알아볼까요?

1 주간학습 계획

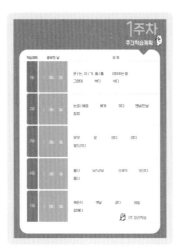

한 주간 학습할 어휘를 둘러보고
하루에 어휘 5개씩 공부하는 계획짜기

공부한 날짜를 기록하면서 계획과 실천을
확인합니다.

2 어휘 개념 이해

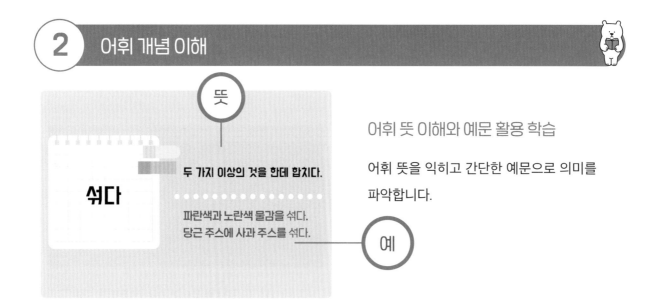

어휘 뜻 이해와 예문 활용 학습

어휘 뜻을 익히고 간단한 예문으로 의미를
파악합니다.

3 문장 활용

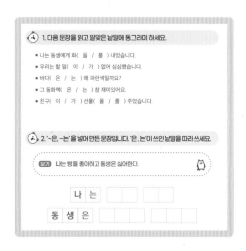

어휘 활용 문제를 풀며 정확한 표현을
익힙니다.

4 하루 평가

하루 학습을 마치고 내 공부 되돌아보기

나의 공부 태도를 스스로 평가하여 다섯 개의
별로 하루 공부를 평가합니다.

6 한 주 정리

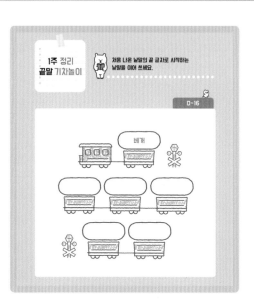

어휘를 재미있게 활용하는 에듀테인먼트 코너

다양한 놀이와 활동으로 한 주 공부를 평가하고
재미있게 마무리한다.

목차

목차

학습계획	공부한 날	어 휘
1일	( )월( )일	은 / 는, 이 / 가, 을 / 를　　이어 주는 말 그런데　　썩다　　섞다
2일	( )월( )일	눈곱 / 배꼽　　베개　　깎다　　맨날 / 만날 창피
3일	( )월( )일	무엇　　앞　　앉다　　얹다 엎드리다
4일	( )월( )일	훑다　　낮 / 낫 / 낯　　쓰레기　　모으다 돕다
5일	( )월( )일	뭐든지　　옛날　　갚다　　제일 없애다 　　　　　　　　　　　　　1주 정리학습

은 / 는
이 / 가
을 / 를

- 낱말의 끝 글자에 받침이 있으면 '-은, -이, -을'
- 받침이 없으면 '-는, -가, -를'을 씁니다.

1. 다음 문장을 읽고 알맞은 낱말에 동그라미 하세요.

- 나는 동생에게 화(을 / 를) 내었습니다.
- 우리는 할 일(이 / 가) 없어 심심했습니다.
- 바다(은 / 는) 왜 파란색일까요?
- 그 동화책(은 / 는) 참 재미있어요.
- 친구(이 / 가) 선물(을 / 를) 주었습니다.

2. '-은, -는'을 넣어 만든 문장입니다. '-은, -는'이 쓰인 낱말을 따라 쓰세요.

보기 **나**는 빵을 좋아하고 동생은 싫어한다.

나	는				

동	생	은					

이어 주는 말

• 그리고/그래서 : 앞 문장과 그대로 이어 주는 말
• 그러나/그렇지만/하지만 : 앞 문장과 반대로 이어 주는 말

1주
1일

1. 다음 문장을 읽고, 빈칸에 들어갈 이어 주는 말을 쓰세요.

	아	침	에		늦	잠	을		잤
다	.					지	각	을	
하	지		않	았	다	.			

2. 다음 문장을 읽고 알맞은 이어 주는 말을 골라 따라 쓰세요.

학교에서 공부를 열심히 했다. (그리고 , 그러나) 집에 와서
바로 숙제를 했다.

그런데

앞의 내용을 인정하면서도 반대되는 내용을 이끌 때 쓰는 말

혼자 길을 가고 있었다. 그런데 강아지가 따라왔다.

1. 다음 문장을 읽고 알맞은 낱말에 동그라미 하세요.

- 밥을 먹었다. (그런데 / 그런대) 또 배가 고팠다.

- 영화관에 갔다. (그런데 / 그런대) 표가 없었다.

2. 다음 ( ) 안에 들어갈 단어를 골라 선을 그어 보세요.

배가 고팠다. ( )
먹을 게 하나도 없었다. ●   ● 그리고

자리에서 일어났다.
( ) 창문을 열었다. ●   ● 그런데

썩다

오래되어서 나쁜 냄새가 나고
형체가 뭉개지다.

냉장고에 있던 빵은 오래되어 썩었다.

1. 다음 문장을 읽고 알맞은 낱말을 빈칸에 쓰세요.

	이	가				치	과
에		가	야	했	다	.	

2. ( ) 안에 알맞은 낱말을 고른 다음 동그라미 하세요.

● 쓰레기장에서 (　　　) 냄새가 났다.

① 썩은　　　　② 섞은　　　③ 썪은

● 음식이 오래 되어서 (　　　)

① 썩었다.　　　　② 섞었다.　　　③ 썪었다.

두 가지 이상의 것을 한데 합치다.

섞다

파란색과 노란색 물감을 섞다.
당근 주스에 사과 주스를 섞다.

1. 다음 문장을 읽고 알맞은 낱말에 동그라미 한 다음 따라 쓰세요.

소금과 설탕을 (섞다 / 석다).

쌀과 콩을 (썩어 / 섞어) 밥을 지었다.

2. 다음 (   ) 안에 들어갈 알맞은 낱말을 고른 다음 따라 쓰세요.

빨강색과 노란색을 (   ) 주황색이 된다.

① 석으면   ② 썩으면   ③ 섞으면

스스로
평가

눈곱 / 배꼽

눈곱: 눈에서 나오는 진득진득한 액
배꼽: 탯줄이 떨어지면서 배의 한가운데
　　　생긴 자리

눈에 긴 눈곱이나 떼라.
아기의 배꼽이 정말 귀여워요.

---

1. 다음 문장을 읽고 알맞은 낱말을 빈칸에 쓰세요.

	아	침	에		거	울	을		보
니				이		끼	었	다	.

---

2. '눈곱', '배꼽' 중 (　) 안에 들어갈 알맞은 말을 빈칸에 써 보세요.

세수를 안 했는지 눈에 (　　　)이 끼었다.

옷이 너무 짧아서 (　　　)이 다 보인다.

잠을 자거나 누울 때 쓰는 물건

베개

· ·

침대에 이불과 베개가 있었다.

 1. 다음 문장을 읽고 알맞은 낱말을 빈칸에 쓰세요.

	잠	을		자	기			위	해	서
는		이	불	과				가		
필	요	해	요	.						

2. <보기>와 같은 뜻으로 쓰인 낱말이 들어간 문장을 고르세요. (   )

보기 참글이는 침대에 누워 베개를 <u>베고</u> 누웠다.

① 톱으로 나무를 <u>베다</u>.   ② 가을에 벼를 <u>베다</u>.

③ 엄마 무릎을 <u>베고</u> 누웠다.   ④ 실수로 손을 <u>베었다</u>.

깎다

칼 같은 도구로 베어서 잘라 내다.
수량, 액수, 값 등을 줄이다.

· ·

엄마가 사과를 깎아 주셨다.
시장에서 아주머니들이 돈을 깎아 달라고 했다.

---

1. 다음 문장에서 틀린 부분에 동그라미 하고 빈칸에 바르게 고쳐 쓰세요.

오빠가 친구들과 나눠 먹으라며 사과를 깍아 줬다.

---

2. 다음 문장을 읽고 알맞은 낱말에 동그라미 하세요.

- 아빠는 거울을 보며 수염을 (깍았다 / 깎았다).

- 나는 문구점에서 장난감 값을 (깎아 / 깍아) 달라고 했다.

맨날 / 만날

**매일같이 계속하여서
'맨날', '만날' 모두 맞는 말이에요.**

나는 맨날 / 만날 아침에 일어나 운동을 한다.

---

1. 다음 문장을 읽고 알맞은 낱말을 빈칸에 쓰세요.

너	는		왜				아
침	에		우	유	를		마	시	니	?

---

2. 다음 문장을 읽고 알맞은 낱말에 동그라미 한 다음 따라 쓰세요.

- 나는 (맨날 / 멘날) 동생이랑 싸운다.
- 엄마는 (만날 / 맨날) 커피를 마신다.

---

3. '맨날 / 만날'과 비슷한 뜻을 가진 낱말이 쓰인 문장에 동그라미 하세요.

①장마 기간에는 날<u>마다</u> 비가 온다.   ② 나는 <u>가끔</u> 늦잠을 잔다.

부끄러운 일을 겪음

창피

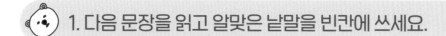

갑자기 창피하다는 생각이 들었다.

---

1. 다음 문장을 읽고 알맞은 낱말을 빈칸에 쓰세요.

	실	수	를		해	서		너	무
	했	다	.						

---

2. 다음 문장을 읽고 알맞은 낱말에 동그라미 하세요.

- 수업 시간에 졸다가 (창피 / 챙피)를 당했다.
- 나는 (챙피 / 창피)할 때 얼굴이 빨개진다.

---

3. '창피'와 비슷한 뜻을 가진 다음 낱말을 따라 쓰세요.

부	끄	러	움				

스스로 평가

무엇

**이름이나 내용을 모르거나 정해지지
않은 것을 가리키는 말**

• •

이게 무엇이냐? = 이게 뭣이냐?
무어라고? = 뭐라고?

 1. 다음 문장을 읽고 알맞은 낱말을 빈칸에 쓰세요.

	세	상	에	서		가	장		빠
른		것	은				일	까	?

 2. '무어'는 '무엇'과 같은 뜻을 가진 말입니다. '뭐'는 '무어'의 줄임말
이지요. 다음 빈칸에 들어갈 알맞은 말을 쓰세요.

참글이 : 쑥쑥아, 너 무슨 맛 아이스크림 좋아해?

쑥쑥이 : (   )? 주변이 시끄러워서 잘 안 들려.

바른 자세로 있을 때 얼굴이 향한 쪽
차례가 먼저인 것

앞

· ·

내 눈앞에 모기가 "윙윙" 거리고 있다.

 1. 그림을 보고 알맞은 낱말을 빈칸에 쓰세요.

	자	동	차		에	는		전
등	이		달	려		있	다	.

2. 다음 ( ) 안에 공통으로 들어갈 알맞은 말을 고르고 빈칸에 정답을
   따라 쓰세요.

· 네 (　) 에는 누가 앉아 있다.

· 나는 복도에서 (　) 을 보지 않고 가다가 넘어졌다.

①압　　　②앞　　　③앎　　　④앍

앉다

엉덩이를 바닥에 붙이고 윗몸을 세우다.

• •

참글이는 책상에 앉아서 공부를 하고 있다.
선생님은 아이들에게 자리에 앉으라고 하셨다.

1. 그림을 보고 알맞은 낱말을 빈칸에 쓰세요.

	새	가		가	지	에			
있	다	.							

2. '앉다'를 문장의 흐름에 맞게 고쳐 쓰세요.

	우	리	는		나	란	히			
				이	야	기	를		나	누
었	다	.								

엎다

물건을 다른 것 위에 올려놓다.
일정한 분량이나 액수 위에 덧붙이다.

· ·

선생님 책상에 숙제 노트들을 엎어 놓았다.

1. '엎다'를 문장의 흐름에 맞게 고쳐 쓰세요.

	책	을		책	상	에			
놓	았	다	.						

2. 다음을 읽고 바르게 쓴 낱말에 동그라미 하세요.

엄마 : "모자는 가방 위에 (언저 / 엎어) 놓아라."

예원 : "네, 가방 위에 올려 놓았어요."

3. 빈칸에 들어갈 알맞은 말을 쓰세요.

과일 가게 아저씨가 귤을 몇 개 더 ☐☐ 주셨다.

엎드리다

배, 가슴, 얼굴 등 몸의 앞부분을 바닥에 가까이하거나 붙이다.

아빠가 침대에 엎드려 계셨다.

1. 다음 빈칸에 들어갈 알맞은 말을 따라 쓰세요.

	땅	에					.	

2. 다음 문장을 읽고 알맞은 낱말에 동그라미 하세요.

- 동생이 책상에 (엎드려서 / 업드려서) 잠이 들었다.
- 나는 (엎드려서 / 업드려서) 자는 습관이 있다.

3. 다음 문장은 '매우 가까운 거리'를 나타내는 말이에요. 빈칸을 채워 보세요.

엎드리면 코 닿을 데

					코		닿	을
데								

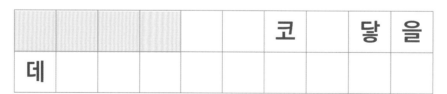

스스로
평가

일정한 범위를 샅샅이 더듬거나 살피다.
붙어 있는 것을 떼기 위해 다른 물건의
틈에 끼워 잡아당기다.

나는 시험 범위를 훑어보았다.
벼를 훑다.

훑다

 1. 다음 문장을 읽고 알맞은 낱말을 빈칸에 쓰세요.

	책		제	목	을		대	충	
			보	았	다	.			

 2. 다음 문장을 읽고 알맞은 낱말에 동그라미 하세요.

- 내용을 빨리 (훌어 / 훑어) 보아라.
- 친구가 나를 위아래로 (훑어 / 흝어) 보았다.

 3. '훑다'와 바꾸어 쓸 수 있는 말을 골라 보세요. (   )

① 살펴보다   ② 집중하다   ③ 바라보다   ④ 째려보다

낮 / 낫 / 낯

낮 : 해가 뜰 때부터 질 때까지의 시간
낫 : 곡식, 나무, 풀 따위를 베는 데 쓰는 농기구
낯 : 사람의 얼굴

낮과 밤 / 낫으로 벼를 베다. / 낯선 사람.

1. 다음 문장을 읽고 알맞은 낱말을 골라 동그라미 하세요.

시골 할아버지 댁에 있는 논에 가 보았다.
할아버지께서는 조심스럽게 (낮 , 낫 , 낯)을 들고
벼를 베고 계셨다. 잘 모르는 (낮 , 낫 , 낯)선 사람들도 있었다.

2. (   ) 안에 들어갈 알맞은 낱말을 골라 번호를 쓰세요.

• 참글이는 (   )에 점심을 먹었다.

  ① 낯   ② 낮   ③ 낫

• 부모님께서 (   ) 사람을 따라가면 안 된다고 하셨다.

  ① 낮선   ② 낯선   ③ 낫선

참고 : '낯'과 비슷한 뜻을 가진 말로 '얼굴', '안면'이 있어요. '낯빛'은 얼굴의 빛깔을 말
해요. '낯이 두껍다'는 부끄러움을 모르고 염치가 없다는 뜻이에요.

쓰레기

모아 놓은 먼지나 못 쓰게 되어서 버릴 물건

우리 집은 토요일 저녁에 쓰레기를 버린다.

🐻 1. 다음 문장을 읽고 알맞은 낱말을 빈칸에 쓰세요.

	교	실		바	닥	이		
	로		지	저	분	하	다	.

🐻 2. 다음 문장을 읽고 알맞은 낱말에 동그라미 하세요.

- 청소를 오랜만에 했더니 (쓰레기 / 쓰래기)가 많다.
- 도로 위의 (쓰래기 / 쓰레기)를 주웠다.

🐻 3. '쓰레기'가 들어간 단어를 쓰세요.

쓰레기차,

모으다

흩어진 것을 한 곳에 합쳐 놓다.

• •

반 아이들과 휴지를 주워 모아 놓았다.

---

 1. 다음 문장을 읽고 알맞은 낱말에 동그라미 하세요.

- 참글이가 모래를 (모와 / 모아) 주머니에 넣었다.

- (모와 둔 / 모아 둔) 쌀을 쥐가 몽땅 물어 갔다.

---

 2. 다음 문장을 읽고 알맞은 낱말을 빈칸에 쓰세요.

'티끌 ☐☐ 태산'이라는 속담처럼,

매일 용돈을 조금씩 모으면 큰돈이 된다.

돕다

남을 위하여 거들거나 힘을 보태다.

참글이는 다친 친구를 도와주었다.
무거운 짐을 들고 계신 할머니를 도와드렸다.

1. 다음 문장의 흐름에 맞게 '돕다'를 쓰세요.

	"	민	주	야	,	나		좀
					."			

	"						고	마
웠	어	."						

2. 친구가 나를 도와주었을 때 뭐라고 하면 좋을지 쓰세요.

참고 '도와 주었다.'를 줄이면 '도와줬다.'가 됩니다. '도와 주어서'의 줄임말은 '도와줘서'입니다

 스스로
평가

뭐든지

'무엇이든지'의 줄임말

램프의 요정 지니는 소원을 뭐든지 다 들어준

1. 다음 문장을 읽고 알맞은 낱말을 빈칸에 쓰세요.

"	나	는				잘
할		수		있	어	!	"	

2. ( ) 안에 들어갈 단어를 골라 선을 그어 보세요.

동훈이는 우리 반에서
( )잘 해내기로 ●   ● 모든지
유명하다.

민호는 요리사라서
음식이라면( ) ●   ● 뭐든지
잘 만든다.

옛날

오래된 지난날

할머니께서 저녁마다 옛날 이야기를 해 주셨다.
부모님께서 옛날 사진을 보며 즐거워하셨다.

1. 다음 문장을 읽고 알맞은 낱말을 빈칸에 쓰세요.

	나			에		널		한
번		만	난		적	이		있	어	.

2. 다음 글에서 틀린 낱말을 찾아 동그라미 한 다음 빈칸에 바르게 고쳐 쓰세요.

지난 여름 민호는 시골에서 할머니께 재미있는 이야기를 들었
습니다. 민호가 늦게까지 잠들지 못하자 할머니는 민호에게 옜
날 이야기를 해 주었습니다.

"옛날 옛날, 호랑이가 말하던 시절에……."

갚다

남에게 빌리거나 꾼 것을 도로 돌려주다.
남에게 진 은혜, 원한 따위를 돌려주다.

용호는 친구에게 빌린 돈 500원을 갚았다.
제비는 흥부에게 은혜를 갚았다.

 1. '갚다'를 문장의 흐름에 맞게 고쳐 쓰세요.

- 개미는 비둘기에게 은혜를 (   ).
- 친구에게 빌린 돈을 (   ) 나자 마음이 후련했다.

2. 다음 문장을 읽고 알맞은 낱말에 동그라미 하세요.

- 엄마는 나를 도와주신 할머니께 은혜를
  (가파야 / 갚아야   )한다고 했다.

 3. 다음 (   ) 안에 공통으로 들어갈 말을 골라 보세요.

- 이웃에게 빚진 돈을 (   ).
- 선비는 어미 까치에게 은혜를 (   ).

① 갑았다   ② 값았다   ③ 갚았다   ④ 가팠다

제일

**첫째가는 것
여럿 가운데 가장**

우리 엄마가 세상에서 제일 예쁘다.

 1. '가장', '최고', '으뜸'은 '제일'과 비슷한 뜻을 가진 말입니다.
빈칸에 들어갈 알맞은 말을 쓰세요.

- 김치는 우리 전통 음식 중에 (   ) 유명한 음식이다.

 2. '제일'과 비슷한 뜻을 가진 단어를 써 보세요.

없애다

무엇인가를 사라지게 하다.

마술사는 동전을 없애는 마술을 보여 줬다.

---

1. '없애다'를 문장의 흐름에 맞게 고쳐 쓰세요.

	엄	마	가		바	닥	에		얼
룩	을						위	해	
계	속		닦	고		계	시	다	.

---

2. 다음 문장을 읽고 알맞은 낱말에 동그라미 한 다음 빈칸에 따라 쓰세요.

- 생활 속에서 바이러스를 (없애기 / 없에기) 위해 손을
  깨끗이 씻어야 해요.

1주 정리

처음 나온 낱말의 끝 글자로 시작하는
낱말을 이어 쓰세요.

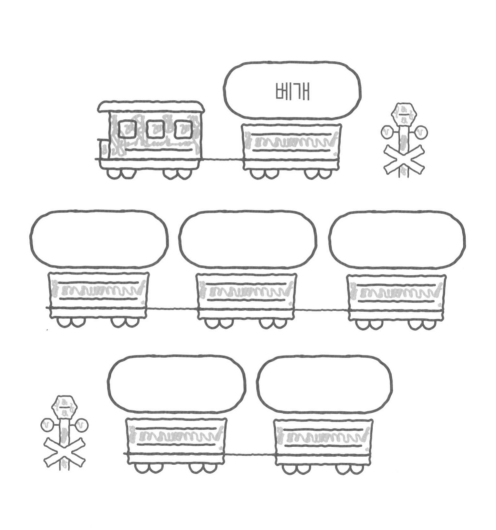

베개

학습계획	공부한 날	어휘
6일	( )월( )일	장난감　　차례　　모래　　모레 식량
7일	( )월( )일	잠그다　　~고/~도　　켜다 -쟁이 / -장이　　갈게
8일	( )월( )일	며칠　금세　삐치다/삐지다　덧니 게슴츠레하다 / 거슴츠레하다
9일	( )월( )일	쌍둥이　얘기　무늬　아름답다 시장하다
10일	( )월( )일	넌지시　달팽이　되다 / 돼다　시장 밑동

2주 정리학습

장난감

놀이의 재료가 되는 물건

내 동생은 자동차 장난감을 좋아한다.
채원이는 생일 선물로 새 장난감을 받았다.

 1. 다음 글에서 **틀린** 낱말을 찾아 빈칸에 바르게 고쳐 보세요.

영희는 크리스마스 선물로 새 장난감을 갖고 싶었다.
자동차가 멋진 로봇으로 변신하는 장남감이었다.
영희는 그 소원을 산타 할아버지께 편지로 써서 전하기로
마음을 먹었다.

 2. 다음 중 바르게 낱말을 쓴 문장에 동그라미 하세요.

 "얘들아, 공룡 장난감
좀 봐 봐!"

 "내 토끼 장남감이
더 좋아."

차례

명절이나 조상이 돌아가신 날 낮에 지내는 제사
일의 순서

· ·

아침에 일찍 일어나 차례를 지냈다.
참글이 차례가 되자 상품이 바뀌었다.

---

1. 다음 문장을 읽고 밑줄 친 낱말을 바르게 고쳐 쓰세요.

내 친구는 같은 말을 여러 <u>차래</u> 반복해 얘기했다.

---

2. '차례'와 비슷한 뜻을 가진 말로 '순서'가 있습니다.
   빈칸에 들어갈 알맞은 말을 쓰세요.

급식 시간에는 [ ][ ] 를 지켜야 한다.

우리는 교실에 [ ][ ] 대로 들어갔어요.

모래

잘게 부스러진 돌 부스러기

나는 동생이랑 바다에서 모래성을 쌓았다.
모래 안에 작은 조개껍데기가 있었다.

 1. 다음 문장을 읽고 알맞은 낱말을 빈칸에 쓰세요.

		바	닷	가	에	서		놀	다	가
		가		신	발	에		들	어	
갔	다	.								

 2. '모래'가 들어가는 낱말을 만들어 보세요.

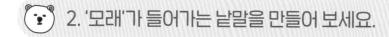

> **예**   모래 + 시계 = 모래시계

✏

_____

모레

내일의 다음 날

· ·

나는 모레 친구랑 놀이동산에 간다.
학교에서 모레 졸업 사진을 찍는다.

 1. 다음 문장을 읽고 알맞은 낱말을 빈칸에 쓰세요.

	수	아	는				한	국	으
로		돌	아	올		것	이	다	.

 2. 빈칸 안에 알맞은 말을 쓰세요.

오늘 ➡ 내일 ➡ ☐☐

3. 오늘은 10월 3일이에요. 다음 달력을 보고 물음에 답하세요.

< 2023.10 > 🗓10

일	월	화	수	목	금	토
1	2	3	4	5	6	

모레는 며칠일까 ☐ 월 ☐ 일

식량

사람의 먹을거리

우리 가족은 일주일 치 식량을 사러 마트에 갔다.

---

1. 다음 문장을 읽고 알맞은 낱말에 동그라미 하세요.

① 흉년이 되면 (식양 / 식량)이 부족해.

② 베짱이는 개미에게 (식량 / 식냥)을 얻으러 갔습니다.

---

2. 다음 <보기> 단어 중 '식량'과 관계 있는 단어를 골라 동그라미 하세요. (5개)

> **보기**   쌀   보리   콩   민들레   밀   옥수수

스스로 평가 ☆ ☆ ☆ ☆ ☆

잠그다

열지 못하도록 자물쇠를 채우다.

유리문을 잠갔다. / 열쇠로 자물쇠를 꼭 잠가라.

 1. 다음 문장을 읽고 알맞은 낱말에 동그라미 한 다음 따라 쓰세요.

 엄마와 나는 백화점에 가서 쇼핑을 하기로 했습니다.
"참글아, 현관문을 꼭 (잠궈라 / 잠가라)!"

 "네, 엄마. 이미 (잠갔어요 / 잠궜어요)."

 2. 다음 문장을 읽고 (   ) 안에 '잠그다'를 문맥에 맞게 쓰세요.

① 화장실 문을 꼭 (   ).

② 손이 얼어 단추를 (   ) 어렵다.

③ 수도꼭지 (   ) 것을 잊었다.

~고 / ~도

'~구', '~두'는 표준어가 아니에요.
'~고', '~도'로 써야 해요.

··

엄마는 밥하고, 아빠는 청소하고.
너하고 나하고 친구 사이야.

 1. 다음 문장에서 틀린 말을 찾아 바르게 고쳐 쓰세요.

● 나두 바다를 좋아해.

_____

● 승윤이는 수영하러 갔구, 상호는 축구하러 갔어.

_____

 2. 다음 문장을 읽고 맞는 말에 동그라미 하세요.

● (책하고 / 책하구), 연필은 책상 위에 (놓구 / 놓고) 가거라.

● (나두 / 나도) 요리를 잘 하고 싶어.

켜다

불을 붙이거나, 전기 제품을 작동하게 만들다.
현악기 줄을 활로 문질러 소리 내다.

어두운 방에 불을 켰다.
친구가 바이올린을 켰다.

1. 다음 문장에서 <u>틀린</u> 부분에 동그라미 하고 빈칸에 바르게 쓰세요.

서연이는 방 불을 키고 공부를 시작했다. ☐☐

2. 다음 문장의 (   ) 안에 공통으로 들어갈 낱말을 쓰세요.

① 텔레비전을 (   ). ② 촛불을 (   ). ③ 기지개를 (   ).

✎ _____

3. 다음 문장을 읽고 맞는 말에 동그라미 하세요.

• 에어컨을 (켜니 / 키니) 시원해졌다.
• 첼로를 (켜는 / 키는) 사람이 멋졌다.

-쟁이 / -장이

-쟁이 : 사람의 성질, 습관, 행동 모양을 나타내는 말
-장이 : 물건을 만들거나 수리하는 사람

멋쟁이, 개구쟁이, 고집쟁이.
도배장이, 옹기장이, 대장장이.

1. 서로 어울리는 말에 선을 그어 보세요.

거짓말 ●
대장 ●   ● -장이
멋 ●
옹기 ●   ● -쟁이

2. 다음 단어를 보고 '-쟁이', '-장이'를 알맞게 쓰세요.

옹기 [　|　]　는 진흙으로 만든 그릇인 옹기를 만드는 사람이야.

대장 [　|　]　는 쇠를 불에 달궈서 도구를 만드는 일을 하는

사람이야.

갈게

소리는 [갈께]로 나지만 '갈게'로 써요.

나 이제 집에 갈게.
어디로 갈 거니?

 1. 다음 중 틀린 문장을 고르세요. (   )

① 예쁜 인형은 널 줄게.

② 아마 시원한 여름을 보내고 있을걸.

③ 이건 아마 선물일 거야.

④ 정말 노래 안 부를 꺼니?

2. '~게, ~걸 , 거니, 거야'가 들어가는 낱말을 빈 칸에 세 개 이상 쓰세요.

> 예   먹을게. 만나 볼 걸, 먹을 거야.

✎
_____

 스스로
평가   ☆

며칠

몇 날 / '며칠날'의 줄임말

• •

오늘 며칠이니?

밥을 못 먹은 지 며칠째다.

 1. 다음 문장을 읽고 알맞은 낱말을 빈칸에 쓰세요.

	오	늘	은		몇		월		
	이	지	?						

 **2. 다음 문장의 밑줄 친 부분은 '며칠'이 들어간 낱말이에요.
어떤 말로 바꾸어 쓸 수 있을까요? 맞는 말에 동그라미 하세요.**

배탈이 나서 <u>며칠째</u> 밥을 못 먹었어요.

아빠가 한 번 출장을 가시면 <u>며칠씩</u> 못 만나요.

며칠 동안 / 몇 일 동안

금세

얼마 되지 않는 짧은 시간

● ●

이번 주가 금세 지나갔다.
참글이는 금세 화장실에 다녀왔다.

---

1. 다음 문장을 읽고 틀린 말을 찾아 바르게 고쳐 쓰세요.

> 과일을 사 온 지 얼마 안 되었는데 금새 다 먹었다. ☐ ☐

---

2. 다음 중 '금세'를 바르게 쓴 사람 이름을 쓰세요. (   )

> 참글이   "방학이 금세 지나갔어!"
>
> 참동이   "학교를 다니면 금새 방학이 올 거야."

---

3. 다음 중 '금세'와 비슷한 말은 무엇일까요?

① 금방   ② 어느새   ③ 나중에

삐치다
/삐지다

화가 나거나 못마땅해서 토라지다.
'삐치다', '삐지다' 모두 맞는 말이에요.

● ●

짝이 연필을 빌려주지 않아서 선영이는 삐쳤다.

 1. 다음 문장을 읽고 알맞은 낱말을 빈칸에 쓰세요.

① 영수는 내가 놀렸다고 (   ) 집으로 가 버렸다.

② 진규는 사소한 일로 쉽게 (   ).

 2. '삐치다'나 '삐지다'와 비슷한 뜻을 가진 말로 '토라지다'가 있어요.
빈칸에 알맞은 말을 쓰세요.

'삐치다'는 [   ] 가 나거나 못마땅해서 토라진다는 뜻이에요.

덧니

이가 난 데 겹으로 난 이

나는 웃을 때 덧니가 보인다.

1. 다음 문장을 읽고 알맞은 낱말을 빈칸에 쓰세요.

			가		있	어	서		더
귀	여	워	요	.					

2. '덧니'는 '덧+니'로 나뉘는 낱말이에요.
   다음 '덧~'이 들어가는 단어들을 따라 쓰세요.

덧나다 | | |

덧니 | | |

덧칠하다 | | | |

게슴츠레하다 /거슴츠레하다

졸리거나 술에 취해서 눈이 거의 감길 듯하다.
'게슴츠레', '거슴츠레' 모두 맞는 말이에요.

태완이는 졸려서 게슴츠레한 눈을 비벼 댔다.
밤새 공부했더니 눈이 거슴츠레하다.

 1. 다음 문장의 (   )에 들어갈 말을 골라 보세요.

졸려서 게슴츠레하거나 거슴츠레한 눈은 (   ).

① 빨갛다   ② 멀겋다   ③ 맑다   ④ 초롱초롱하다

 2. 다음 그림 중 '게슴츠레 / 거슴츠레'한 표정에 동그라미 해 보세요.

(   )   (   )

 스스로 평가

쌍둥이

한 어머니가 동시에 낳은 두 아이

민이와 빈이는 쌍둥이이다.
서로 다르게 생긴 쌍둥이를 '이란성 쌍둥이'라고 합니다.

1. '-둥이'는 '어떤 성질이 있거나 그와 관련이 있는 사람'을 뜻할 때 붙는 말입니다. '흰둥이'는 하얀 동물을 뜻하지요. '둥이'가 붙는 단어를 쓰세요.

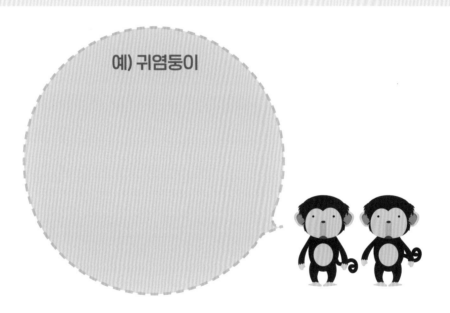

예) 귀염둥이

2. 다음 낱말을 따라 쓰세요.

쌍	둥	이			

얘기

'이야기'의 줄임말

옛날이야기를 들려주세요.
= 옛날얘기를 들려주세요.

1. 다음 두 문장을 읽고 <u>틀린</u> 낱말을 찾아 동그라미 한 다음 바르게 고쳐 쓰세요.

- 어떤 예기를 듣고, 기분이 좋아졌니?
- 예기를 할 때는 상대방의 눈을 보며 해야 해요.

2. 다음 (   ) 안에 들어갈 알맞은 낱말을 골라 번호를 쓰세요.

- 참글이는 쑥쑥이와 <강아지 똥> 책 (   )를 했다.

① 예기   ② 애기   ③ 얘기

- 나는 동생에게 할 일이 많다고 (   )했다.

① 애기   ② 얘기   ③ 예기

무늬

물건의 겉에 나타난 어떤 모양

얼룩말에는 얼룩무늬가 있다.
나는 꽃무늬 원피스를 좋아한다.

 1. 다음 문장을 읽고 알맞은 낱말을 빈칸에 쓰세요.

	나	는	꽃			이	불
이		더	좋	아	.		

2. '무늬'를 넣어 다양한 단어를 만들어 보세요.

> **예** 줄 + 무늬 + 줄무늬

✏️

_____

아름답다

보거나 듣기에 즐겁고 좋은 느낌을 가지게 한다.

방 안에 꽃들이 아름다워요.
책을 읽는 모습이 참 아름다워.

1. '아름답다'를 문맥에 맞게 고쳐 쓰세요.

① 농촌 풍경이 (   )

② 웃음이 (   ) 소녀를 보았어요.

③ 노을이 (   ) 물들고 있어요.

2. '아름답다'와 비슷한 말을 <보기>에서 찾아 쓰세요.

보기   흥미롭다   예쁘다   진지하다   어둡다

시장하다

배가 고프다.

아침을 못 먹어서 그런지 너무 시장하다.
시장한 줄도 모르고 공부를 했다.

 1. '시장하다'를 문맥에 맞게 고쳐 쓰세요.

 "며칠 굶어서 (   ), 마침 너 잘 만났다!"

 "아이고, 호랑이님, 제발 살려 주세요."

 "역시 (   ) 땐 고기가 최고지!"

 2. 다음 문장을 읽고 알맞은 낱말을 빈칸에 쓰세요.

'□□ 이 반찬'이라는 속담은 배가 고프면 반찬이 없어도

밥이 맛있음을 비유적으로 이르는 말입니다.

 스스로
평가

넌지시

드러나지 않게 가만히

나는 나의 비밀을 친구에게 넌지시 알려 주었다.

1. '넌지시'와 비슷한 말을 <보기>에서 모두 찾아 쓰세요.(4개)

> 보기 갑자기 살며시 몰래 슬쩍 슬그머니

_____

2. '넌지시'를 바르게 사용한 문장을 골라 동그라미 하세요.

① 친구가 나를 말없이 <u>넌지시</u> 바라보았다.

② 다음 시합에서는 <u>넌지시</u> 이기고 말 거야.

달팽이

돌 밑이나 풀숲에 살며, 우렁이와 비슷한 동물

비 오는 날에는 달팽이가 많이 있다.

1. 다음 문장을 읽고, 알맞은 낱말을 빈칸에 쓰세요.

			는		집	을		등
에		지	고		다	닌	다	.

2. '이'로 끝나는 생물 이름을 찾아서 쓰세요.

✏️ 우렁이,

되다 / 돼다

**어떤 시기, 상태에 이르다.
다른 것으로 바뀌거나 변하다.**

노력하지 않았으니 안 되는 것이 당연하지.
얼음이 물이 되었다.

1. 다음 문장을 읽고 알맞은 낱말에 동그라미 한 다음 따라 쓰세요.

- 여기서는 장난을 치면 (안 된다 / 안 됀다).

- 뷔페에서는 내가 좋아하는 음식을 자유롭게 먹으면 (된다 / 됀다).

2. 다음 중 틀린 말을 골라 바르게 고쳐 쓰세요.

① 밥이 맛있게 돼다. → (   )

② 회장 선거에서 회장에 당선됐다. → (   )

참고 '되어'를 줄이면 '돼'가 됩니다.
'되었다'를 줄이면 '됐다'가 됩니다.

시장

여러 가지 물건을 사고파는 장소

· ·

엄마는 시장에서 고등어를 사 오셨다.

---

1. 다음 문장을 읽고, 알맞은 낱말을 빈칸에 쓰세요.

우	리		동	네	에	는		유
명	한			이		있	다	.

---

2. 시장에 가서 사고 싶은 물건 이름을 쓰세요.

 '시장', '가게'와 비슷한 뜻을 가진 외래어에는 '슈퍼', '마트'가 있어요.

밑동

나무줄기에서 뿌리에 가까운 부분

• •

할아버지는 몽둥이를 들고 밤나무 밑동을 치셨다.

---

 1. 다음 문장을 읽고 알맞은 낱말에 동그라미 하세요.

소년은 커다란 나무의 (밑동 , 밑둥)에 앉아 쉬었습니다.

---

2. <보기> 문장의 밑줄 친 부분을 다른 말로 바꾸어 쓰세요.

보기 나무꾼은 <u>나무줄기에서 가까운 뿌리 부분</u>을
도끼로 잘라 냈다.

✏️

_____

참고 '밑동'과 비슷한 뜻을 가진 '그루터기'가 있습니다.

2주 정리

 다음 ( ) 안에 들어갈 단어를 골라 선을 그어 보세요.

2주 정리

1 나는 용돈을 ( ) 장난감을 샀다. ● ● 모레

2 할머니와 함께 ( )을 들고 곡식을 베었다. ● ● 차례

3 우리 가족은 ( ) 소풍을 간다. ● ● 모아서

4 명절에는 ( )를 지낸다. ● ● 옛날

5 할머니께서 ( ) 이야기를 들려주셨다. ● ● 낫

스스로 평가

학습계획	공부한 날	어휘
11일	( )월( )일	소방서　오순도순 / 오손도손　으스대다 휴게소　일찍이
12일	( )월( )일	안쓰럽다　아무튼　마치다 / 맞히다 새다 / 세다　받치다/받히다
13일	( )월( )일	역할　붙이다 / 부치다　작다 적다　시원하다
14일	( )월( )일	심다　묻다　시키다　식히다 이따가
15일	( )월( )일	장사　장수　다치다　닫히다 얼음

3주 정리학습

소방서

소방 관련 업무를 맡아보는 기관

소방관은 소방서 안에서 일하고 있는 사람이다.

1. 다음 문장을 읽고 알맞은 낱말을 빈칸에 쓰세요.

			는		소	방	관	이
일	하	는		곳	이	야	.	

2. '소방서'처럼 사람들을 위한 업무를 맡는 공공기관을 의미하는 단어를 다음 <보기>에서 골라 ○동그라미 하세요(3개).

보기   경찰서   휴게소   구청   주민센터

오순도순
/오손도손

- 정답게 이야기하거나 의좋게 지내는 모양
- '오순도순', '오손도손' 모두 맞는 말이에요.

가족들과 오순도순 정답게 이야기를 나누었다.
흥부와 놀부는 오손도손 행복하게 살았다.

 1. 다음 문장을 읽고 알맞은 낱말을 빈칸에 쓰세요.

	아	이	들	이				
모	여		함	께		놀	았	다	.

 2. 다음 문장을 읽고, (   ) 안에 공통으로 들어갈 단어를 빈칸에 쓰세요.

- 그 아이들은 작은 방에서 (   ) 살고 있어요.
- 오랜만에 만난 아이들은 (   ) 이야기 꽃을 피웠어요.

으스대다

우쭐거리며 뽐내다.

희수는 자기가 제일이라고 으스댔다.
으스대다 보면 친구들과 멀어질 수도 있다.

1. 다음 문장에서 **틀린** 부분에 동그라미 하고 바르게 고쳐 보세요.

친구가 달리기 1등을 해서 으시대다.

2. 다음 <보기> 단어 중 '으스대다'와 뜻이 비슷한 단어를 모두 골라
   동그라미 하세요. (3개)

보기   잘하다   우쭐대다   빛나다   뽐내다   뻐기다

휴게소

잠깐 쉴 수 있도록 마련해 놓은 공간

· ·

휴게소에서 오징어를 사 먹었다.
고속도로 휴게소.

1. 다음 문장을 읽고 알맞은 낱말에 동그라미 한 다음 따라 쓰세요.

고속도로를 달리다 (휴게소 / 휴개소)에 들렀다.

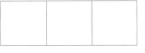

2. 다음 그림은 무엇을 나타내는 표지판인지 빈칸에 쓰세요.

일찍이

일정한 시간보다 빠르게

....

오늘은 다른 날보다 일찍이 일어났다.

---

1. 다음 문장을 읽고 알맞은 낱말을 빈칸에 쓰세요.

	여	느		때	보	다		
		집	을		나	섰	는	데	도
지	각	을		했	다	.		

---

2. 다음 문장을 읽고 밑줄친 단어의 반대말을 <보기>에서 골라 동그라미 하세요.

• 아침에 <u>일찍이</u> 일어나 등산을 했다.

보기　일찌감치　　이르게　　늦게　　일찍

스스로
평가

안쓰럽다

힘없는 사람이나 아랫사람의 어려운 형편이
마음이 아프고 가엾다.

○ ○ ○ ○ ○ ○ ○ ○ ○ ○ ○ ○ ○ ○

아이가 눈물을 흘리는 것을 보니 안쓰럽다.

1. 다음 문장을 읽고 알맞은 낱말을 빈칸에 쓰세요.

	거	친		손	을		보	니	
					마	음	이	다	.

2. 밑줄 친 말이 '안쓰럽다'와 같은 의미로 쓰인 문장에 동그라미 하세요.(2개)

① 구걸하는 성냥팔이 소녀가 <u>가엾다</u>. (　　)

② 시끄러운 소리에 소녀는 <u>궁금했다</u>. (　　)

③ 우는 내 동생이 <u>안타깝다</u>. (　　)

아무튼

어떻게 되어 있든

∙∙∙

아무튼 건강이 우선이야.

1. 다음 문장에서 <u>틀린</u> 부분에 동그라미 하고 빈칸에 바르게 고쳐 보세요.

아뭉든, 다치지 않았으니 다행이야.

2. <보기>는 '아무튼'과 비슷한 뜻을 가진 단어들이에요. 한번씩 따라 쓰세요.

 어떻든, 어쨌건, 어쨌든

,

,

마치다 /맞히다

- 하던 일을 끝내다. / 문제에 대한 답을 틀리지 않게 하다.
- 물건을 던져서 닿게 하다.

서둘러 일을 마치다. / 정답을 맞히다. / 과녁을 맞히다.

1. 다음 문장을 읽고, 맞는 단어를 골라 동그라미 한 다음 따라 쓰세요.

> 문예원 숙제를 모두 (마치다 , 맞히다)
>
> | | | |
> |---|---|---|

2. ( ) 안에 들어갈 단어를 골라 선을 그어 보세요.

학급 회의를 생각보다
빨리 ( ).   ●   ● 맞혔다.

어려운 문제를 ( ). ●   ● 마쳤다.

새다 / 세다

- 기체나 액체가 틈새나 구멍으로 빠져나오다. / 힘이 많다.
- 사물의 수를 헤아리다.

풍선에서 바람이 새다. / 내 동생은 고집이 세다.
/ 사탕이 몇 개인지 세다.

 1. 맞는 단어를 골라 동그라미 한 다음 따라 쓰세요.

풍선에서 바람이 (새어, 세어) 나와 크기가 작아졌다.

 2. 다음 문장을 읽고 맞는 말에 동그라미 하세요.

① 큰 공에서 바람이 (　새어　/　세어　) 나왔다.

② 바람이 (　새서　/　세서　) 걷기가 힘들었다.

③ 별을 100까지 (　세다가　/　새다가　) 잠이 들었다.

받치다
/받히다

- 어떤 물건의 밑이나 옆에 다른 물체를 대다.
- 머리나 뿔 따위에 세차게 부딪히다.

넘어지지 않게 기둥을 받치다.
뿔에 받히다.

 1. 다음 문장을 읽고 알맞은 낱말을 빈칸에 쓰세요.

	뜨	거	운		냄	비		밑	에
받	침	을					.		

 2. ( ) 안에 들어갈 단어를 골라 선을 그어 보세요.

의자에 머리를 ( ).　●　　　　　●　받치다

책받침을 ( ).　●　　　　　●　받히다

 스스로
평가

역할

맡은 일이나 임무

· ·

각자 맡은 역할을 다하다.

 1. 다음 대화말을 큰 소리로 읽고 빈칸에 '역할'을 따라 쓰세요.

"이번 연극에서 너는 어떤 역할을 맡았어?"

"나는 백설공주 역할을 맡았어."

 2. 다음 문장을 읽고 알맞은 낱말에 동그라미 하세요.

• 모두 맡은 (역할 , 역활 , 역칼)을 잘 하도록 하자.

 3. 다음 문장을 읽고 '역할'과 같은 의미로 쓰인 문장을 골라 동그라미 하세요.

① 형 <u>노릇</u>을 잘 하기로 했다. ( )

② 동생 <u>편</u>에서 생각하기로 했다. ( )

붙이다
/부치다

꽉 달라붙어 떨어지지 않게 하다.
불이 붙게 하다. / 편지를 보내다.

벽에 벽지를 붙이다.
초에 불을 붙이다.
편지를 부치다.

1. 다음 문장을 읽고 알맞은 낱말을 빈칸에 쓰세요.

	좋	아	하	는		스	티	커	를
	보	세	요	.					

2. 다음 ( )안에 들어갈 알맞은 말을 골라 번호를 쓰세요.

• 편지 봉투에 우표를 ( ).

① 부쳤다   ② 붙였다   ③ 붙혔다

• 우체국에 가서 편지를 ( ).

① 부쳤다   ② 붙혔다   ③ 붙였다

작다

길이. 넓이. 부피 따위가 보통보다 덜하다.

작년에 입었던 옷이 작아졌다.
나는 형보다 키가 작다.

1. 다음 그림에 어울리는 낱말을 찾아 동그라미 한 다음 따라 쓰세요.

- 나는 오빠보다 키가 (크다 / 작다)
- 오빠 옷이 내 옷보다 (크다 / 작다).

2. 다음 단어의 반대말을 쓰세요.

크다 ↔ (   )

참고 '작다'**와 비슷한 말로** '조그맣다', '왜소하다'**가 있어요.**

적다

수나 분량, 정도가 많지 않다.

· ·

밥을 적게 먹어서 배가 고프다.
숙제가 생각보다 적어서 금방 끝냈다.

1. 다음 그림에 어울리는 낱말을 찾아 동그라미 하세요.

- 내가 오빠보다 나이가 (많다 / 적다).
- 오빠가 나보다 나이가 (많다 / 적다).

2. 다음 단어의 반대말을 쓰세요.

많다 ↔ (   )

 '적다'와 비슷한 말로 '부족하다'가 있어요.

 스스로
평가

시원하다

덥거나 춥지 않고 알맞게 서늘하다.
막힌 데가 없이 활짝 트여 마음이 후련하다.

강바람이 시원하다.
목욕을 하고 나니 몹시 시원하다.

 1. 다음 문장을 읽고 알맞은 낱말을 빈칸에 쓰세요.

	아	이	스	크	림	이		달	콤
하	고						.		

2. ( ) 안에 공통으로 들어갈 말을 쓰세요.

그늘 아래 앉으니 ( ).

숙제를 다 하고 나니 속이 ( ).

참고　'시원하다'와 비슷한 말로 '상쾌하다', '개운하다', '가뿐하다'가 있어요.

식물의 뿌리나 씨앗을 흙 속에 묻다.

심다

논에 모를 심었다.
해바라기를 심었다.

1. 다음 문장을 읽고 알맞은 낱말을 빈 칸에 쓰세요.

화	단	에		여	러	분	이	
좋	아	하	는		꽃	을		
보	세	요	.					

2. 다음은 '모든 일은 근본에 따라 그에 맞는 결과가 나타난다'는 것을
   뜻하는 속담이에요. 알맞은 말에 동그라미 하세요.

콩 (묻은 / 심은) 데 콩 나고,

팥 (묻은 / 심은) 데 팥 난다.

묻다

풀, 가루, 물 따위가 물체에 들러붙거나 흔적이 남게 되다.
물건을 흙이나 다른 물건 속에 넣어 보이지 않게 쌓아 덮다.
무엇을 알아내기 위하여 상대편의 대답을 요구한다.

옷에 잉크가 묻다. / 쓰레기를 땅에 묻었다. /
선생님께 정답을 묻다.

1. 다음 문장을 읽고 알맞은 낱말을 빈칸에 쓰세요.

	비	밀	을		마	음	속	에
			.					

2. ( ) 안에 들어갈 단어를 골라 선을 그어 보세요.

옷에 얼룩이 ( ) ●

　　　　　　　● 묻다

화단에 꽃을 ( ) ●

　　　　　　　● 심다

모르는 문제를
선생님께 ( ) ●

시키다

어떤 일이나 행동을 하게 하다.

심부름을 시키다.
점심을 시키다.

---

1. 다음 문장을 읽고 알맞은 낱말을 빈칸에 쓰세요.

	오	빠	가		내	게		심	부
름	을					.			

2. 다음 문장을 읽고, 알맞은 말에 동그라미 하세요.

- 우리는 종업원에게 짜장면을 (시켰다 / 식혔다).

- 할머니는 억지로 일을 (식히고 / 시키고) 나가셨다.

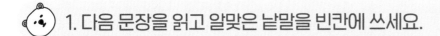

식히다

더운 기운을 없애다.

끓인 물을 식히다.

1. 다음 문장을 읽고 알맞은 낱말을 빈칸에 쓰세요.

	엄	마	는		더	운		물	을
		주	셨	다	.				

2. (　　) 안에 들어갈 단어를 골라 선을 그어 보세요.

얼음으로 머리를 찜질하여
열을 (　　). ●

　　　　　　　　　　　　　　　● 시키다

영화를 보며 머리를
(　　) ●

　　　　　　　　　　　　　　　● 식히다

땀을 (　　) ●

이따가

조금 지난 뒤에

• •

이따가 말해 줄게.

1. 다음 문장을 읽고 알맞은 낱말을 빈칸에 쓰세요.

	밥	을		다		먹	고	
			과	일	을		먹	자	.

2. 밑줄 친 말과 비슷한 말을 골라 동그라미 하세요.

• 자세한 이야기는 <u>이따가</u> 하자.

> [보기] 금세   나중에   곧

스스로
평가

장사

이익을 얻으려고 물건을 사서 파는 일

여름에는 아이스크림 장사가 잘된다.

 1. 다음 문장을 읽고 알맞은 낱말을 빈칸에 쓰세요.

	과	일			를		시	작
했	다	.						

 2. '-장사'를 넣어 단어를 만들어 보세요.

> **예** 두부 + 장사 = 두부 장사

✏️ _____

장수

장사하는 사람

우리 학교 앞 떡볶이 장수는 정말 친절하다.

1. 다음 문장을 읽고 알맞은 낱말을 빈칸에 쓰세요.

	소	금			가		큰	
봇	짐	을		지	고		왔	다	.

2. 다음 문장을 읽고 알맞은 단어에 동그라미 하세요.

① 반찬 (장수 / 장사)가 잘된다.

② 호떡 (장수 / 장사) 아저씨는 친절하시다.

다치다

부딪치거나 넘어져 상처를 입다.

가위로 장난을 치다가 손을 다쳤다.

1. 다음 문장을 읽고 알맞은 낱말을 빈칸에 쓰세요.

	손	을				병	원
에		갔	다	.			

2. 문장을 읽고 알맞은 낱말에 동그라미 하세요.

① 넘어져 무릎을 (다치다 / 닫히다).

② 무거운 짐을 들다가 허리를 (닫혔다 / 다쳤다).

닫히다

열려 있던 문이나 뚜껑이 제자리로 가 막히다.

문이 저절로 닫혔다.
뚜껑이 닫혀 있다.

1. 다음 문장을 읽고 알맞은 낱말을 빈칸에 쓰세요.

	병	뚜	껑	이			
열		수	가		없	다	.

2. 다음 문장을 읽고 알맞은 낱말에 동그라미 하세요.

① 열어 놓은 문이 바람에 저절로 (다치다 / 닫히다).

② 교문이 굳게 (닫혀 / 다쳐) 있다.

얼음

물이 얼어서 굳어진 물질

물이 꽁꽁 얼어 얼음이 되었다.

1. 다음 문장을 읽고 알맞은 낱말을 빈칸에 쓰세요.

	날	이		따	뜻	해	져	서	
		이		녹	았	다	.		

2. 맞는 말에 동그라미 하세요.

• (어름 / 얼음)이 깨지다.

3주 정리

알맞은 단어를 찾아보세요.

 다음 밑줄 친 단어와 비슷한 말을 골라 동그라미 하세요.

① 성냥팔이 소녀가 <u>안쓰럽다</u>. - (가엾다 / 부끄럽다)

② 숙제를 모두 <u>마치다</u>. - (맞히다 / 끝내다)

③ 아침에 <u>일찍이</u> 일어나 등산을 했다. - (일찌감치 / 늦게)

④ 친구가 달리기 1등을 해서 <u>으스대다</u>. - (잘하다 / 뽐내다)

 (   ) 안에 들어갈 알맞은 말에 동그라미 하세요.

① (소방소 / 소방서)는 소방관이 일하는 곳이다.

② 냄비 밑에 받침을 (받혔다 / 받쳤다).

③ (아무튼 / 아뭏튼) 건강이 최고다.

 스스로 평가

학습계획	공부한 날	어 휘
16일	( )월( )일	저리다　　절이다　　맡다　　핥다 맞다
17일	( )월( )일	찾다　　나이　　제발　　재발 깊다
8일1	( )월( )일	가르치다　　가리키다　　넘다　　당기다 들르다
19일	( )월( )일	찌개　　식사　　매다　　메다 같이
20일	( )월( )일	업다　　없다　　내　　네 곧

4주 정리학습

저리다

몸의 일부가 너무 오래 눌려 있어서 감각이 둔하다.

●●●

너무 오래 앉아 있었더니 다리가 저리다.

1. 다음 문장을 읽고 알맞은 낱말을 빈칸에 쓰세요.

	피	가		통	하	지		않	아
자	꾸					.			

2. '저리다'와 다른 의미로 쓰인 문장에 동그라미 하세요.

① 오래 걸었더니 다리가 <u>쿡쿡 쑤시듯 아프다</u>. (   )

② 오래 걸었더니 머리가 <u>어지러웠다</u>. (   )

절이다

소금이나 식초를 써서 간이 배어들게 하다.

김장 배추를 절이다.

---

1. 다음 문장을 읽고 알맞은 낱말을 빈칸에 쓰세요.

	김	장		배	추	를		소	금
에					.				

2. 소금에 절인 음식은 어떤 맛일까요? 다음 중 알맞은 말에 동그라미 하세요.

① 맵다   ② 짜다   ③ 달다   ④ 쓰다

어떤 일에 대한 책임을 지고 담당하다.
코로 냄새를 느끼다.

맡다

반에서 회장을 맡다.
꽃 냄새를 맡다.

 1. 다음 문장을 읽고 알맞은 낱말을 빈칸에 쓰세요.

				일	은		끝	까	지
해	내	자	.						

2. ( ) 안에 들어갈 단어를 골라 선을 그어 보세요.

숙제 검사를 ( ). ●

　　　　　　　　　　　● 맞다.

흙냄새를 ( ). ●

　　　　　　　　　　　● 맡다.

도서실에서 자리를 ( ). ●

핥다

혀로 맛을 보다.

사탕을 핥아 먹었다.

🐻 1. 다음 문장을 읽고 알맞은 낱말을 빈칸에 쓰세요.

아	이	스	크	림	을		
먹	으	니		더		맛	있	다	.

🐻 2. 다음 문장을 읽고 알맞은 낱말에 동그라미 하세요.

- 강아지가 내 손을 (핥아 / 할타) 주었다.

🐻 3. 다음은 '사물의 속 내용은 모르고 겉만 건드리는 일'을 뜻하는
속담이에요. 빈칸에 들어갈 말을 쓰세요.

수	박	겉	핥	기

맞다

던지거나 쏜 물건이 어떤 물체에 닿다.
문제에 대한 답이 틀리지 않다.
오는 사람을 예의로 받아들이다.

화살을 맞았다. / 정답이 맞다. /
할머니를 반갑게 맞았다.

 1. 다음 문장을 읽고 알맞은 낱말을 빈칸에 쓰세요.

	떨	어	진		물	건	에		머
리	를					.			

 2. '맞다'를 문맥에 맞게 쓰세요.

- 날아온 돌에 머리를 (   ).

- 할머니께서 나를 반갑게 (   ) 주셨다.

- 백점을 (   ) 기분이 좋다.

스스로
평가

찾다

현재 주변에 없는 것을 얻기 위해 여기저기를 뒤지거나 살피다. 모르는 사실을 알아내기 위해 책을 뒤지거나 컴퓨터에서 검색하다.

친구들과 숨겨진 보물을 찾으며 놀았다.

1. 다음 문장을 읽고 알맞은 낱말을 빈칸에 쓰세요.

	잃	어	버	린		장	난	감	을
		.							

2. 다음 문장을 읽고 알맞은 낱말에 동그라미 하세요.

① 숨겨 놓은 보물을 (찾다 / 찼다).

② 모르는 단어를 사전에서 (찼다 / 찾다).

나이

(사람이나 동식물이) 세상에 나서 살아온 햇수
연세는 나이의 높임말이에요.

동생 나이는 일곱 살이다.
할머니의 연세는 90세입니다.

 1. 다음 문장을 읽고 알맞은 낱말을 빈칸에 쓰세요.

	내			는		여	덟
살	이	다	.				

 2. 문장을 읽고 알맞은 낱말에 동그라미 한 다음 따라 쓰세요.

- 우리 사촌 동생의 (나이 / 연세)는 다섯 살이다

- 할아버지께서는 (나이 / 연세)가 많습니다.

제발

간절히 바라건대

• •

제발 제 소원을 들어주세요.
제발 울지 말고, 웃어보렴.

1. 다음 문장에서 <u>틀린</u> 부분에 동그라미 하고 바르게 고쳐 보세요.

재발 간지럽히지 마세요.　　□□

2. 내가 바라는 소원을 '제발'을 넣어 쓰세요.

재발

(한번 생겼던 일이나 병 따위가) 다시 나타나다.

감기가 나은지 얼마 안 되었는데, 다시 재발했다.

---

 1. 다음 문장을 읽고 알맞은 낱말에 동그라미 한 다음 따라 쓰세요.

사고가 (제발 / 재발)하는 것을 막기 위해서 주의하세요.

---

2. 다음 문장을 읽고 알맞은 낱말에 동그라미 하세요.

① 사고의 (제발 / 재발)을 막았다.

② 수술이 끝났지만 병이 (제발 / 재발)했다.

겉에서 속까지의 거리가 멀다.
생각이 신중하다.

깊다

공주는 깊은 잠에 빠져 일어나지 못했습니다.

1. 다음 문장을 읽고 알맞은 낱말을 빈칸에 쓰세요.

			산	골	에		나	무
꾼	이		살	았	습	니	다	.

2. 다음 문장을 읽고 알맞은 낱말에 동그라미 하세요.

- 수영장에 수심이 (깊다 / 깁다).

- 언니는 생각이 (깊어서 / 깁어서) 칭찬을 받는다.

스스로
평가

가르치다

지식이나 이치를 깨닫게 하다.

선생님께서 학생들에게 공부를 가르치신다.

1. 다음 문장을 읽고 알맞은 낱말을 빈칸에 쓰세요.

	문	예	원	에	서	는		글	쓰
기	를						.		

2. 다음 ( ) 안에 알맞은 말을 쓰세요.

헬렌 켈러는 태어난 지 19개월이 되었을 때 죽을 병에 걸려

목숨을 잃을 뻔하다 간신히 살아났지만 청각과 시각을 잃었어요.

앤 설리번 선생님은 그런 헬렌 켈러에게 글쓰기와 말하기를

( ).

가리키다

손가락 따위로 방향이나 대상을 집어서 보이다.

....

손가락으로 놀이터를 가리켰다.

---

1. 다음 문장을 읽고 알맞은 낱말을 빈칸에 쓰세요.

	손	가	락	으	로		교	무	실
을						.			

2. 다음 ( ) 안에 알맞은 말을 쓰세요.

아침에 일어나니 시곗바늘이 9시를 (　　　　　　). 서둘러

준비를 하고 학교로 뛰어갔는데, 교실에는 친구들이 별로 없었

다. 알고 보니 시계가 고장이 나 있었다.

높은 부분의 위를 지나가다.
일정한 범위에서 벗어나다.

넘다

오늘 중으로 저 산을 넘어가야 한다.
열이 39도가 넘는다.

 1. 다음 문장을 읽고 알맞은 낱말을 빈칸에 쓰세요.

	저		언	덕	을			가
면		학	교	가		있	다	.

 2. 다음 (　　　) 안에 공통으로 들어갈 단어를 쓰세요.

① 우리 반은 열 명이 (　　　　)

② 산을 (　　　　)

(　　　　　　)

당기다

**힘을 주어 가까이 오게 하다.
먹고 싶은 마음이 생기다.**

그물을 힘껏 당기다.
봄이라 그런지 입맛이 당긴다.

 1. 다음 문장을 읽고 알맞은 낱말을 빈칸에 쓰세요.

	줄	다	리	기		시	합	에	서
모	두		힘	을		합	해		줄
을				.					

 2. 다음 밑줄 친 단어의 알맞은 뜻을 골라 선을 그어 보세요.

낚싯줄을 힘껏 <u>당기다</u>. ●   ● 입맛이 돋우어지다.

아침을 굶어서인지
입맛이 <u>당기다</u>. ●   ● 마음이 끌리다.

재밌는 얘기를 들으니
호기심이 <u>당기다</u>. ●   ● 힘을 주어 가까이
오게 하다.

들르다

지나는 길에 잠깐 들어가 머무르다.

집에 오는 길에 마트에 들러 과자를 샀다.

1. 다음 문장을 읽고 알맞은 낱말을 빈칸에 쓰세요.

학	교	에		가	는		길	에
문	방	구	에				.	

2. 다음 글에서 틀린 말을 찾아 동그라미 한 다음 바르게 고쳐 보세요.

학교가 끝나고 문예원에 가려다 우리말 바로 쓰기 숙제를 집에 놓고
온 것이 생각났다. 발길을 돌려 집에 들렀다 문예원으로 갔다.

스스로
평가

찌개

똑배기나 작은 냄비에 갖은양념을 하여 끓인 국물 요리

⋯⋯⋯⋯⋯⋯⋯⋯⋯⋯⋯⋯⋯⋯⋯⋯⋯

묵은지로 김치찌개를 만들었다.

1. 다음 문장을 읽고 알맞은 낱말을 빈칸에 쓰세요.

	된	장			를		밥	에
비	벼		먹	으	면		참	맛
있	어	.						

2. 내가 아는 찌개 이름을 쓰세요.

식사

아침이나 점심, 저녁과 같이 일정한 시간에 음식을 먹음 또는 그 음식
진지는 식사의 높임말이에요.

· ·

온 가족이 모두 모여 저녁 식사를 했다.

1. 다음 문장을 읽고 알맞은 낱말을 빈칸에 쓰세요.

가	족	이		함	께		
를		하	기	전	에		할	머
니	께		*		드	시	라	고
말	씀	드	렸	다	.			

* '식사'의 높임말

2. 다음 대화에서 알맞은 높임표현을 골라 동그라미 하세요.

할아버지, (밥 , 진지) 잡수세요.

매다

끈이나 줄 등의 두 끝을 잡아당기어 풀어지지 않게 마디를 만들다.

마당에 빨랫줄을 매다.

 1. 다음 문장을 읽고 알맞은 낱말에 동그라미 한 다음 따라 쓰세요.

> 나뭇가지에 끈을 (매어 / 메어) 놓았다.
>
> | | |
> |---|---|

2. 다음 ( ) 안에 알맞은 말을 쓰세요.

> • 신발 끈을 단단히 (   ).
>
> • 나무에 그네를 (   ) 놓았다.

메다

어깨에 걸치거나 올려놓다.
감정이 북받쳐 목소리가 잘 나지 않다.

배낭을 메고 등산을 하다.
너무 기뻐서 목이 메다.

1. 다음 문장을 읽고 알맞은 낱말에 동그라미 한 다음 따라 쓰세요.

슬픈 장면을 봐서 목이 (메었다 / 매었다).

2. 다음 문장을 읽고 (   ) 안에 공통으로 들어갈 낱말을 써 보세요.

• 어깨에 배낭을 (   ).

• 기쁨에 목이 (   ).

• 고구마를 빨리 먹었더니 목이 (   ).

(   )

같이

둘 이상의 사람이나 사물이 함께

· · · · · · · · · · · · · · · · · ·

우리 강아지도 한집에서 같이 사는 한 가족이다.

1. 다음 문장을 읽고 알맞은 낱말을 빈칸에 써 보세요.

	모	두				기	쁨	의
노	래	를		불	렀	다	.	

2. 다음 문장을 읽고 알맞은 낱말에 동그라미 해 보세요.

- 선생님과 아이들은 모두 (같이 , 가치) 뛰었다.

3. 다음 대화를 읽고 맞는 말에 동그라미 하세요.

예원 : '같이'와 비슷한 말은 (함께 / 따로)야.

참글이 : 그럼 반대말은 (함께 / 따로)구나.

스스로
평가

업다

사람이나 동물을 등에 대고 손으로 붙잡거나
붙어 있게 하다.

엄마가 아기를 업었다.

1. 다음 문장을 읽고 알맞은 낱말을 빈칸에 써 보세요.

	다	리	를		다	친		친	구
를					보	건	실	로	
데	려	다		주	었	다	.		

2. 다음 ( ) 안에 알맞은 말을 골라 보세요.

아기가 아파서 밤새도록 잠이 들지 않았다. 어머니는 아기를
밤새 등에 ( ) 자장가를 불러 주었다.

① 엎고   ② 업고   ③ 없고   ④ 얻고

없다

사람, 동물, 물체 등이 실제로 존재하지 않다.

내 필통에 연필이 없다.

1. 다음 문장을 읽고 알맞은 낱말을 빈칸에 쓰세요.

	책	상		위	에		있	던	
지	우	개	가		사	라	져	서	
		.							

2. 다음 문장을 읽고 알맞은 낱말에 동그라미 하세요.

우리 생활 속에서 (업스면 , 없으면) 불편한 물건은 무엇일까?

3. ( )에 공통으로 들어갈 낱말을 쓰세요.

도서관에서 빌린 책이 재미가 ( ).
저 시계는 내가 잃어버린 게 틀림( ).
그 일은 나와는 상관( ).

( )

'나의'의 줄임말

내

나의 동생은 여섯 살이야.
내 물건에 손을 대지 말아 줘.

---

1. 다음 문장을 읽고 알맞은 낱말을 빈칸에 써 보세요.

			꿈	은		선	생	님
이		되	는		것	이	다	.

---

2. 다음 대화를 읽고, 맞는 말을 쓰세요.

'나의'와 같은 말은 [ ] 야.

그럼 '내'는 [ ][ ] 의 줄임말이구나.

네

'너의'의 줄임말

너의 인형은 어디에 있니?
네 말에 나도 감동받았어.

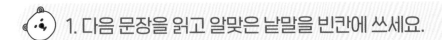 1. 다음 문장을 읽고 알맞은 낱말을 빈칸에 쓰세요.

				집	은		어	느	
쪽	이	니	?						

2. 다음 대화를 읽고, 맞는 말을 쓰세요.

'너의'와 같은 말은 [ ] 야.

그럼 '네'는 [ ][ ] 의 줄임말이구나.

곧

시간적으로 머지않아

....

기차가 곧 출발할 거예요.

1. 다음 문장을 읽고 알맞은 낱말을 빈칸에 써 보세요.

아	버	지	께	서			도
착	하	신	다	고		한	다 .

2. 다음 대화를 읽고, 맞는 말을 쓰세요.

내 방에는 아버지께서 주신 인형으로 가득하다.

(　　) 내 생일이 오면, 또 어떤 인형을 사 주실까 기대가 된다.

올바른 맞춤법을 쓴 구름에 예쁘게 색칠한 다음 아래에 쓰세요. (모두 7개)

4주 정리

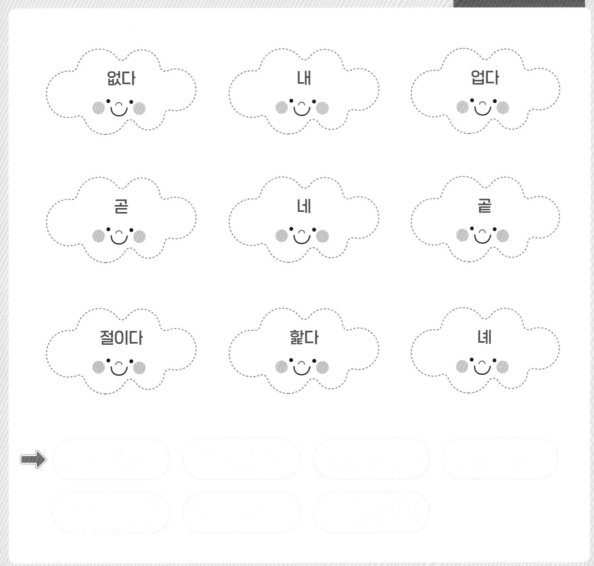

없다	내	업다
곧	네	곧
절이다	핥다	녜

스스로 평가

초등학교 저학년

정답 및 해설

1

본 교재는 다양한 예문을 통해 어휘 뜻과 어휘 유형을 익혀 문해력을 키우도록
구성하였습니다. 본 교재에서 사용한 맞춤법과 어휘는 국립국어원에서 제공하는
표준국어대사전을 따랐습니다.

어휘편

1주 1일

14쪽 　1. 를, 이, 는, 은, 가, 을

15쪽 　1. 그러나/그렇지만/하지만
　　　2. 그리고

16쪽 　1. 그런데, 그런데

　　　2. 배가 고팠다. (　　)
　　　　 먹을 게 하나도 없었다.

　　　　 자리에서 일어났다.
　　　　 (　　) 창문을 열었다.

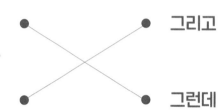

17쪽 　1. 썩어서
　　　2. ① 썩은
　　　　 ① 썩었다.

18쪽 　1. 섞다, 섞어
　　　2. ③ 섞으면

19쪽 1. 눈곱
2. 눈곱, 배꼽

20쪽 1. 베개
2. ③ 엄마 무릎을 베고 누웠다.

21쪽 1. 깍아 → 깎아
2. 깎았다, 깎아

22쪽 1. 맨날/만날
2. 맨날, 만날
3. ① 장마 기간에는 날마다 비가 온다.

23쪽 1. 창피
2. 창피, 창피

29쪽   1. 훑어

2. 훑어, 훑어

3. ① 살펴보다

30쪽   1. 낫 , 낮

2. ② 낮 , ② 낯선

31쪽   1. 쓰레기

2. 쓰레기, 쓰레기

3. 쓰레기통, 쓰레기봉투, 쓰레기더미

32쪽   1. 모아, 모아 둔

2. 모아

33쪽   1. 도와줘, 도와줘서

2. 도와줘서 고마워.

어휘편

1주 5일

34쪽 1. 뭐든지
    2. 동훈이는 우리반에서 (　　) 잘 해내기로 유명하다. ● ─────────── ● 모든지

    민호는 요리사라서 음식 이라면 (　　) 잘 만든다. ● ─────── ● 뭐든지

35쪽 1. 옛날
    2. 옛날 → 옛날

36쪽 1. 갚았다, 갚고
    2. 갚아야
    3. ③ 갚았다

37쪽 1. 제일
    2. 가장, 으뜸, 최고

38쪽 1. 없애기
    2. 없애기

1주 정리학습

39쪽 베개 – 개미 – 미술 – 술래잡기 – 기도 – 도망

42쪽   1. 장남감 → 장난감

2.   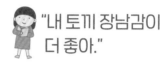 "얘들아, 공룡 장난감
      좀 봐봐!"   "내 토끼 장남감이
                        더 좋아."

43쪽   1. 차래 → 차례
        2. 차례, 차례

44쪽   1. 모래
        2. 모래주머니, 모래놀이, 모래집, 모래바람, 모래집

45쪽   1. 모레
        2. 모레
        3. 10월 5일

46쪽   1. ① 식량 ② 식량
        2. 쌀, 보리, 콩, 밀, 옥수수

2주 2일

47쪽   1. 잠가라, 잠갔어요

   2. ① 잠가라   ② 잠그기   ③ 잠그는

48쪽   1. 나두 → 나도, 갔구 → 갔고

   2. 책하고, 놓고

       나도

49쪽   1. 키고 → 켜고

   2. 켜다

   3. 켜니, 켜는

50쪽   1.   거짓말
        대장
        멋
        옹기

       -장이

       -쟁이

   2. 장이, 장이

51쪽   1. ④ 정말 노래 안 부를 꺼니? → 정말 노래 안 부를 거니?

   2. 갈 게. 할 걸. 먹을 거니? 놀 거야.

52쪽   1. 며칠
       2. 며칠 동안

53쪽   1. 금새 → 금세
       2. 참글이 – 금세
       3. ①금방

54쪽   1. ① 삐져서, 삐쳐서 ② 삐친다, 삐진다
       2. 화

55쪽   1. 덧니

56쪽   1. ②멀겋다
       2.

2주 4일

57쪽   1. 귀염둥이, 재롱둥이, 재간둥이, 막둥이

58쪽   1. 예기 → 얘기

　　　　　 예기 → 얘기

　　　　 2. ③ 얘기 , ② 얘기

59쪽   1. 무늬

　　　　 2. 꽃무늬, 체크무늬, 격자무늬, 민무늬…

60쪽   1. ① 아름답다　② 아름다운　③ 아름답게

　　　　 2. 예쁘다

61쪽   1. 시장했는데, 시장할

　　　　 2. 시장

2주 5일

62쪽   1. 살며시   몰래   슬쩍   슬그머니
       2. ① 친구가 나를 말없이 <u>넌지시</u> 바라보았다.

63쪽   1. 딜팽이   2. 지렁이, 풍뎅이, 하루살이, 원숭이, 호랑이

64쪽   1. 안 된다, 된다
       2. ① 돼다. → 되다   ② 당선됬다. → 당선됐다.

65쪽   1. 시장

66쪽   1. 밑동   2. 밑동

2주 정리학습

67쪽

1 나는 용돈을 (   ) 장난감을 샀다.

2 할머니와 함께 (   )을 들고 곡식을 캤다.

3 우리 가족은 (   ) 소풍을 간다.

4 명절에는 (   )를 지낸다.

5 할머니께서 (   )이야기를 들려 주셨다.

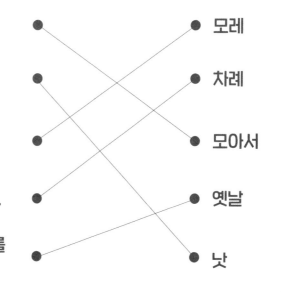

모레
차례
모아서
옛날
낫

어휘편

75쪽   1. 안쓰러운
       2. ① 가엾다 , ③ 안타깝다.

76쪽   1. 아뭏든 → 아무튼

77쪽   1. 마치다
       2. 학급 회의를 생각보다   ● ───┐ ┌─── ● 맞혔다.
          빨리 (   ).   ╳
                                     ● ───┘ └─── ● 마쳤다.
          어려운 문제를 (   ).

78쪽   1. 새어
       2. ① 새어 ② 세서 ③ 세다가

79쪽   1. 받쳤다
       2. 의자에 머리를 (   ).   ● ───┐ ┌─── ● 받치다
                                              ╳
          책받침을 (   ).   ● ───┘ └─── ● 받히다

3주 3일

80쪽 2. 역할

3. ① 형 노릇을 잘 하기로 했다.

81쪽 1. 붙여

2. ② 붙였다, ① 부쳤다

82쪽 1. 작다, 크다

2. 작다

83쪽 1. 적다, 많다

2. 적다

84쪽   1. 시원하다
       2. 시원하다

85쪽   1. 심어
       2. 심은, 심은

86쪽   1. 묻었다
       2. 옷에 얼룩이 (   )

          화단에 꽃을 (   )

          모르는 문제를
          선생님께 (   )

          묻다
          심다

87쪽   1. 시켰다
       2. 시켰다, 시키고

88쪽   1. 식혀
       2. 얼음으로 머리를 찜질하여
          열을 (   ).

          영화를 보며 머리를
          (   )

          땀을 (   )

          시키다
          식히다

89쪽   1. 이따가
       2. 나중에

3주 5일

90쪽 **1. 장사**　**2. 엿장사, 옷장사, 꽃장사, 붕어빵장사**

91쪽 **1. 장수**
　　　2. ① 장사 ② 장수

92쪽 **1. 다쳐서**
　　　2. ① 다치다 ② 다쳤다

93쪽 **1. 닫혀서**
　　　2. ① 닫히다 ② 닫혀

94쪽 **1. 얼음**　**2. 얼음**

3주 정리학습

95쪽 **1. ① 가엾다**
　　　　② 끝내다
　　　　③ 일찌감치
　　　　④ 뽐내다
　　　2. ① 소방서
　　　　② 받쳤다
　　　　③ 아무튼

98쪽 1. 저리다
      2. ②

99쪽 1. 절이다
      2. ② 짜다

100쪽 1. 맡은
       2. 숙제 검사를 (　). ●   ● 맞다.

          흙냄새를 (　). ●   ● 맡다.

          도서실에서 자리를 (　). ●

101쪽 1. 핥아
       2. 핥아
       3. 핥기

102쪽 1. 맞았다
       2. 맞았다, 맞아/맞이해, 맞아/맞아서

4주 2일

103쪽 1. 찾다   2. ① 찾다 ② 찾다

104쪽 1. 나이   2. 나이, 연세

105쪽 1. 재발 → 제발
2. 예시) 제발 아빠가 선물을 사서 왔으면 좋겠어요.

106쪽 1. 재발   2. ① 재발   ② 재발

4주-3일

107쪽 1. 깊은   2. 깊다, 깊어서

108쪽 1. 가르친다   2. 가르쳤습니다

109쪽 1. 가리켰다   2. 가리켰다

110쪽 1. 넘어   2. ① 넘는다   ② 넘는다

111쪽 1. 당겼다

2. 낚싯줄을 힘껏 당기다. ●　　　　　● 입맛이 돋우어지다.

아침을 굶어서인지
입맛이 당기다. ●　　　　　● 마음이 끌리다.

재밌는 얘기를 들으니
호기심이 당기다. ●　　　　　● 힘을 주어 가까이
오게 하다.

112쪽 1. 들렀다   2. 들렸다 → 들렀다

| 113쪽 | 1. 찌개 |
| | 2. 순두부찌개, 김치찌개, 부대찌개.. |

| 114쪽 | 1. 식사, 진지 |
| | 2. 진지 |

| 115쪽 | 1. 매어 |
| | 2. 맸다, 매어 |

| 116쪽 | 1. 메었다 |
| | 2. 메다 |

117쪽	1. 같이
	2. 같이
	3. 함께, 따로

4주 5일

118쪽   1. 업고   2. ② 업고

119쪽   1. 없다
        2. 없으면
        3. 없다

120쪽   1. 나의   2. 내, 나의

121쪽   1. 너의   2. 네, 너의

122쪽   1. 곧   2. 곧

4주 정리학습

123쪽   없다, 내, 업다, 곧, 네, 절이다, 핥다

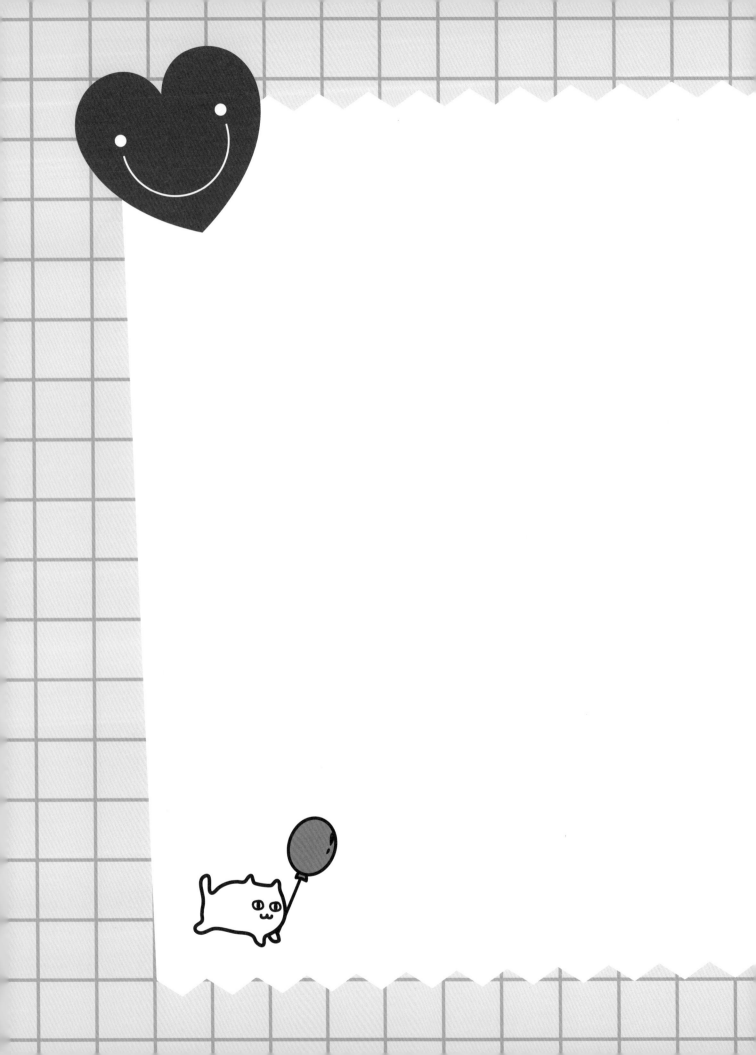

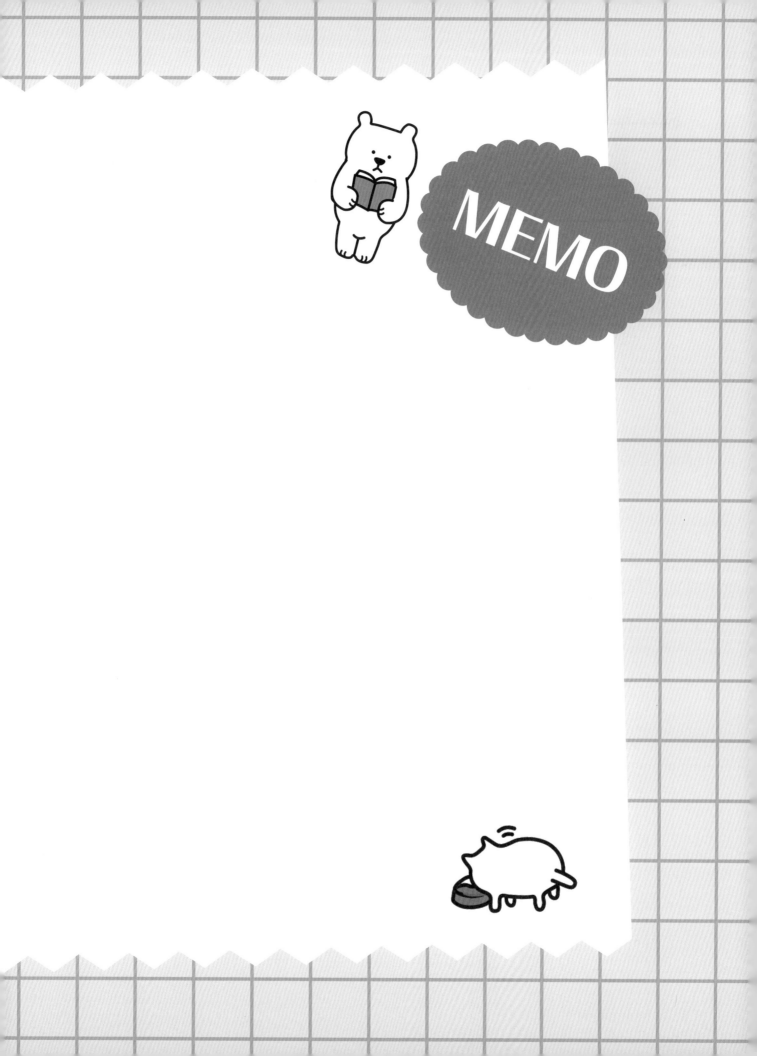

MEMO

우리말
바로쓰기
문해
쑥쑥

하루 5개
20일
완성

1
초등학교 저학년
100단어
따라쓰기

(사)한국문예원언어콘텐츠연구원

고래가
숨 쉬는
도서관

문해쑥쑥① 100단어 따라쓰기

초판 1쇄	2024년 3월 25일
글쓴이	(사)한국문예원언어콘텐츠연구원
	오정옥, 원예경, 장임경, 김희정, 박주희
책임감수	오길주, 조월례
펴낸이	조영진
펴낸곳	고래가숨쉬는도서관
출판등록	제406-2006-000090호
주소	경기도 파주시 회동길 329 2층
전화	031-955-9680~1
팩스	031-955-9682
이메일	goraebook@naver.com
디자인	로뎀

글 ⓒ (사)한국문예원언어콘텐츠연구원 2024

ISBN 979-11-92817-27-9
ISBN 979-11-92817-26-2 (세트)

* 값은 뒤표지에 적혀 있습니다.

* 잘못 만든 책은 구입하신 서점에서 바꾸어 드립니다.

* 책의 내용과 그림은 저자나 출판사의 서면 동의 없이 마음대로 쓸 수 없습니다.

KC
품명: 도서 | **전화번호:** 031-955-9680 | **제조년월:** 2024년 3월
제조국명: 대한민국 | **제조자명:** 고래가숨쉬는도서관
주소: 경기도 파주시 회동길 329 2층 | **사용 연령:** 8세 이상
* KC마크는 이 제품이 공통안전기준에 적합하였음을 의미합니다.

우리말
바로쓰기

문해
쑥쑥

하루 **5**개
20일
완성

1
초등학교 저학년
100단어
따라쓰기

(사)한국문예원언어콘텐츠연구원

고래가
숨 쉬는
도서관

100단어 따라쓰기
환영합니다

문해쑥쑥①(100단어 따라쓰기)는

'우리말바로쓰기 문해쑥쑥①(어휘편)'에 실린 단어와 문장들을 따라 쓰며 익히는 교재입니다.

반복해서 쓰고 읽고 암기하는 동안 어휘력이 확장됩니다.

어휘를 다양하게 사용할줄 알게 되어 글쓰기에도 도움이 된답니다.

글씨를 예쁘게 쓰는 연습도 해보고, 띄어쓰기 훈련도 해보면

어느새 문장표현에 자신감이 생길것입니다.

(사) 한국문예원언어콘텐츠연구원
Korea Moonyewon Language Contents Institutue

1 단어 따라 쓰기

4	썩다

이가 썩어서 치과에 가야 했다.

	이	가				치	과
에		가	야		했	다	.	

그 날의 단어를 순서대로 따라 씁니다.

2 문장 따라 쓰기

13	앞

자동차 앞에는 전등이 달려 있다.

	자	동	차		에	는		전
등	이		달	려		있	다	.

어휘를 활용한 문장도 함께 익히며 따라 씁니다.

3 계획적인 병행학습

문해쏙쏙1과 '100단어 따라쓰기'의 병행 학습으로 100단어의 의미를 알아 가고 문장 활용 능력을 키워갈 수 있습니다.

학습계획	공부한 날	어휘
1일	( )월 ( )일	은 / 는, 이 / 가, 을 / 를 이어주는 말 그런데 썩다 섞다
2일	( )월 ( )일	눈곱 / 배꼽 베개 깎다 맨날 / 만날 창피
3일	( )월 ( )일	무엇 앞 앉다 얹다 엎드리다
4일	( )월 ( )일	훑다 낮 / 낫 / 낯 쓰레기 모으다 돕다
5일	( )월 ( )일	뭐든지 옛날 갚다 제일 없애다

100단어 따라쓰기
2주 계획

학습계획	공부한 날	어휘
6일	( )월 ( )일	장난감　　차례　　모래　　모레 식량
7일	( )월 ( )일	잠그다　　-고 / -도　　켜다 -쟁이 / -장이　　갈게
8일	( )월 ( )일	며칠　금세　삐치다 / 삐지다　덧니 게슴츠레하다 / 거슴츠레하다
9일	( )월 ( )일	쌍둥이　얘기　무늬　아름답다 시장하다
10일	( )월 ( )일	넌지시　달팽이　되다　시장 밑동

학습계획	공부한 날	어휘
11일	( )월 ( )일	소방서　　오순도순 / 오손도손　　으스대다 휴게실　　일찍이
12일	( )월 ( )일	안쓰럽다　　아무튼　　마치다 / 맞히다 새다 / 세다　　받치다 / 받히다
13일	( )월 ( )일	역할　　붙이다 / 부치다　　작다 적다　　시원하다
14일	( )월 ( )일	심다　　묻다　　시키다 식히다　　이따가
15일	( )월 ( )일	장사　　장수　　다치다　　닫히다 얼음

100단어 따라쓰기
4주 계획

학습계획	공부한 날	어휘			
16일	( )월 ( )일	저리다 맞다	절이다	맡다	핥다
17일	( )월 ( )일	찾다 깊다	나이	제발	재발
18일	( )월 ( )일	가르치다 들르다	가리키다	넘다	당기다
19일	( )월 ( )일	찌개 같이	식사	매다	메다
20일	( )월 ( )일	업다 곧	없다	내	네

1 은 / 는, 이 / 가, 을 / 를

<u>나는</u> 빵을 좋아하고 <u>동생은</u> 싫어한다.

				빵	을		좋	아	하
고	,					싫	어	한	다

.

2 이어 주는 말

학교에서 공부를 열심히 했다. <u>**그리고**</u> 집에 와서 바로 숙제를 했다.

	학	교	에	서		공	부	를	
열	심	히		했	다	.			
집	에		와	서		바	로		숙
제	를		했	다	.				

3 그런데

배가 고팠다. **그런데** 먹을 게 하나도 없었다.

	배	가		고	팠	다	.		
		먹	을		게		하	나	도
없	었	다	.						

4 썩다

이가 **썩어서** 치과에 가야 했다.

| | 이 | 가 | | | | | | 치 | 과 |
| 에 | | 가 | 야 | | 했 | 다 | . | | |

5 섞다

빨강색과 노란색을 **섞으면** 주황색이 된다.

	빨	강	색	과		노	랑	색	을
					주	황	색	이		된
다	.								

6 눈곱 / 배꼽

세수를 안 했는지 눈에 **눈곱**이 끼었다.

	세	수	를		안		했	는	지
눈	에					이		끼	었	다

옷이 너무 짧아서 **배꼽**이 다 보인다.

	옷	이		너	무		짧	아	서
		이		다		보	인	다	.

7 베개

참글이는 침대에 누워 **베개**를 베고 누웠다.

	참	글	이	는		침	대	에	
누	워				를		베	고	
누	웠	다	.						

8 ⟩ 깎다

아빠는 거울을 보며 수염을 **깎았다**.

	아	빠	는		거	울	을		보
며		수	염	을					.

나는 문구점에서 장난감 값을 **깎아** 달라고 했다.

	나	는		문	구	점	에	서	
장	난	감		값	을				
달	라	고		했	다	.			

9 ⟩ 맨날 / 만날

나는 **맨날** 동생이랑 싸운다.

	나	는					동	생	이
랑		싸	운	다	.				

엄마는 **만날** 커피를 마신다.

	엄	마	는				커	피
를		마	신	다	.			

10 창피

수업 시간에 졸다가 **창피**를 당했다.

	수	업		시	간	에		졸	다
가				를		당	했	다	.

11 무엇

세상에서 가장 빠른 것은 **무엇**일까?

	세	상	에	서		가	장		빠
른		것	은				일	까	?

12 앞

자동차 **앞**에는 전등이 달려 있다.

	자	동	차			에	는		전
등	이		달	려		있	다	.	

13 앉다

새가 가지에 **앉아** 있다.

	새	가		가	지	에			
있	다	.							

14 얹다

"모자는 가방 위에 **얹어** 놓아라."

"	모	자	는		가	방		위	에
					놓	아	라	. "	

15 엎드리다

땅에 **엎드리다**.

	땅	에						.	

나는 **엎드려서** 자는 습관이 있다.

	나	는							자
는		습	관	이		있	다	.	

16 훑다

책 제목을 대충 **훑어**보았다.

	책		제	목	을		대	충	
		보	았	다	.				

친구가 나를 위아래로 **훑어**보았다.

	친	구	가		나	를		위	아
래	로				보	았	다	.	

17 낮 / 낫 / 낯

참글이는 **낮**에 점심을 먹었다.

	참	글	이	는			에		점
심	을		먹	었	다	.			

절대로 **낯선** 사람을 따라가면 안 된다.

	절	대	로				사	람
을		따	라	가	면		안		된
다	.							

18 쓰레기

청소를 오랜만에 했더니 **쓰레기**가 많다.

	청	소	를		오	랜	만	에
했	더	니					가		많
다	.							

19 모으다

참글이가 모래를 **모아** 주머니에 넣었다.

	참	글	이	가		모	래	를	
			주	머	니	에		넣	었
다	.								

20 돕다

"민주야, 나 좀 **도와줘**."

	"	민	주	야	,	나		좀	
					. "				

"우리 같이 **도와주자**."

	"	우	리		같	이			
				. "					

21   뭐든지

"나는 **뭐든지** 잘 할 수 있어!"

	"	나	는				잘
할		수		있	어	!	"

22   옛날

나 **옛날**에 널 한 번 만난 적이 있어.

	나			에	널	한
번		만	난	적	이	있	어

23   갚다

어제 먹은 초콜릿을 **갚았다**.

	어	제		먹	은		초	콜	렛
을				.					

24 제일

내가 운동회 때 **제일** 빨리 달렸다.

	내	가		운	동	회		때	
			빨	리		달	렸	다	.

나는 김치가 **제일** 좋다.

	나	는		김	치	가			
좋	다	.							

25 없애다

엄마가 바닥에 얼룩을 **없애기** 위해 계속 닦고 계시다.

	엄	마	가		바	닥	에		얼
룩	을							위	해
계	속		닦	고		계	시	다	.

26 > 장난감

"얘들아, 공룡 **장난감** 좀 봐 봐!"

	"	얘	들	아	,		공	룡		
		좀		봐		봐	!	"		

27 > 차례

급식 시간에 **차례**를 지켜야 한다.

	급	식		시	간	에			
를		지	켜	야		한	다	.	

설날에는 **차례**를 지낸다.

	설	날	에	는				를	
지	낸	다	.						

28 ▶ 모래

바닷가에서 놀다가 **모래**가 신발에 들어갔다.

	바	닷	가	에	서		놀	다	가
			가		신	발	에		들	어
갔	다	.							

29 ▶ 모레

수아는 **모레** 한국으로 돌아올 것이다.

	수	아	는					한	국
으	로		돌	아	올		것	이	다	.

30 식량

올해는 흉년 때문에 **식량**이 부족해.

	올	해	는		흉	년		때	문
에				이		부	족	해	.

베짱이는 개미에게 **식량**을 얻으러 갔습니다.

	베	짱	이	는		개	미	에	게
		을		얻	으	러		갔	습
니	다	.							

31 잠그다

"참글아, 현관문을 꼭 **잠가라**!"

	"	참	글	아	,	현	관	문	을
꼭						!	"		

"네, 엄마, 이미 **잠갔어요**."

	"	네	,	엄	마	,	이	미
				.	"			

32 -고 / -도

나**도** 바다를 좋아해.

				바	다	를		좋	아
해	.								

33 켜다

에어컨을 **켜니** 시원해졌다.

	에	어	컨	을					시
원	해	졌	다	.					

첼로를 **켜는** 사람이 멋졌다.

	첼	로	를					사	람
이		멋	졌	다	.				

34 -쟁이 / -장이

욕	심	장	이

멋	쟁	이

옹	기	장	이

대	장	장	이

35 갈게

나는 오늘 참글이 집에 **갈 거다**.

	나	는		오	늘		참	글	이
집	에						.		

"내일 학교에 **갈게**!"

	"	내	일		학	교	에		
		!	"						

36 며칠

오늘은 몇 월 **며칠**이지?

	오	늘	은		몇		월		
	이	지	?						

37 금세

과일을 사 온 지 얼마 안 되었는데 **금세** 다 먹었다.

	과	일	을		사		온		지
얼	마		안		되	었	는	데	
			다		먹	었	다	.	

밖에 빨래를 널었더니 **금세** 말랐구나.

	밖	에		빨	래	를		널	었
더	니						말	랐	구	나

38 삐치다 / 삐지다

엄마가 약속을 지키지 않아 **삐진** 참글이는 말을 하지 않았다.

	엄	마	가		약	속	을		지
키	지		않	아					참
글	이	는		말	을		하	지	
않	았	다	.						

39 덧니

덧니가 있어서 더 귀여워요.

			가		있	어	서		더
귀	여	워	요	.					

40 게슴츠레하다 / 거슴츠레하다

밤새 공부했더니 눈이 **거슴츠레하다**.

	밤	새		공	부	했	더	니	
눈	이								.

41 쌍둥이

민이와 빈이는 **쌍둥이**이다.

	민	이	와		빈	이	는		
		이	다	.					

42 얘기

어떤 **얘기**를 듣고 기분이 좋아졌니?

	어	떤				를		듣	고
기	분	이		좋	아	졌	니	?	

43 무늬

나는 **꽃무늬** 이불이 더 좋아.

	나	는		꽃				이	불
이		더		좋	아	.			

44 아름답다

방 안에 꽃들이 **<u>아름다워요</u>**.

	방		안	에		꽃	들	이
					.			

45 시장하다

"며칠 굶어서 **<u>시장한데</u>**, 마침 너 잘 만났다!"

	"	며	칠		굶	어	서	
				,	마	침		너
잘		만	났	다	!	"		

46 넌지시

친구가 나를 말없이 **넌지시** 바라보았다.

	친	구	가		나	를		말	없
이						바	라	보	았
다	.								

47 달팽이

달팽이는 집을 등에 지고 다닌다.

				는		집	을		등
에		지	고		다	닌	다	.	

48 되다

여기서는 장난을 치면 안 **된다**.

	여	기	서	는		장	난	을	
치	면		안				.		

공부 시간이 **되었다**.

	공	부		시	간	이			
	.								

49 시장

우리 동네에는 유명한 **시장**이 있다.

	우	리		동	네	에	는		유
명	한				이		있	다	.

50 밑동

소년은 커다란 나무의 **밑동**에 앉아 쉬었습니다.

	소	년	은		커	다	란		나
무				에		앉	아		쉬
었	습	니	다	.					

.

51 소방서

<u>**소방서**</u>는 소방관이 일하는 곳이야.

				는		소	방	관	이
일	하	는		곳	이	야	.		

52 오순도순 / 오손도손

아이들이 <u>**오순도순**</u> 모여 함께 놀았다

	아	이	들	이					
모	여		함	께		놀	았	다	.

53 으스대다

친구가 생일 선물을 받고 **으스대자** 부러웠다.

	친	구	가		생	일		선	물
을		받	고						
부	러	웠	다	.					

그렇게 **으스대다가** 큰 코 다친다.

	그	렇	게						
큰		코		다	친	다	.		

54 휴게실

휴계실은 **휴게실**을 잘못 쓰는 말로 **휴게실**이 맞다.

	휴	계	실	은				을
잘	못		쓰	는		말	로	
		이		맞	다	.		

55 일찍이

여느 때보다 **일찍이** 집을 나섰는데도 지각을 했다.

	여	느		때	보	다			
		집	을		나	섰	는	데	도
지	각	을		했	다	.			

56 **안쓰럽다**

거친 손을 보니 **안쓰러운** 마음이다.

	거	친		손	을		보	니
					마	음	이	다	.

57 **아무튼**

아무튼 마음씨가 고와야 한단다.

| | | | | | 마 | 음 | 씨 | 가 | |
| 고 | 와 | 야 | | 한 | 단 | 다 | . | | |

58 마치다 / 맞히다

학급 회의를 생각보다 빨리 **마치다**.

	학	급		회	의	를		생	각
보	다		빨	리					.

어려운 문제를 **맞혔다**.

	어	려	운		문	제	를		
		.							

59 새다 / 세다

큰 공에서 바람이 **새어** 나왔다.

	큰		공	에	서		바	람	이
			나	왔	다	.			

바람이 **세서** 걷기가 힘들었다.

	바	람	이					걷	기
가		힘	들	었	다	.			

별을 100까지 **세다가** 잠이 들었다.

	별	을		1	00	까	지		
			잠	이		들	었	다	.

60 받치다 / 받히다

뜨거운 냄비 밑에 받침을 **받쳤다**.

	뜨	거	운		냄	비		밑	에
받	침	을					.		

의자에 머리를 **받히다**.

	의	자	에		머	리	를		
		.							

61 ▶ 역할

모두 맡은 **역할**을 잘 하도록 하자.

	모	두		맡	은				을
잘		하	도	록		하	자	.	

62 ▶ 붙이다 / 부치다

좋아하는 스티커를 **붙여** 보세요.

	좋	아	하	는		스	티	커	를
			보	세	요	.			

우체국에 가서 편지를 **부쳤다**.

	우	체	국	에		가	서		편
지	를					.			

63 작다

나는 오빠보다 키가 **작다**.

	나	는		오	빠	보	다		키
가				.					

64 적다

내가 오빠보다 나이가 **적다**.

	내	가		오	빠	보	다		나
이	가			.					

65 　시원하다

아이스크림이 달콤하고 **시원하다**.

	아	이	스	크	림	이		달	콤
하	고						.		

숙제를 다 하고 나니 속이 **시원하다**.

	숙	제	를		다		하	고	
나	니		속	이					.

66 심다

화단에 여러분이 좋아하는 꽃을 **심어** 보세요.

	화	단	에		여	러	분	이	
좋	아	하	는		꽃	을			
보	세	요	.						

67 묻다

비밀을 마음속에 **묻었다**.

	비	밀	을		마	음	속	에	
				.					

모르는 문제를 선생님께 **묻다**.

	모	르	는		문	제	를		선
생	님	께				.			

옷에 얼룩이 **묻다**.

	옷	에		얼	룩	이			
									.

68 › 시키다

오빠가 내게 심부름을 **시켰다**.

	오	빠	가		내	게		심	부
름	을					.			

우리는 짜장면을 **시켰다**.

	우	리	는		짜	장	면	을	
			.						

69 식히다

엄마는 더운 물을 **식혀** 주셨다.

	엄	마	는		더	운		물	을
				주	셨	다	.		

영화를 보며 머리를 **식히다**.

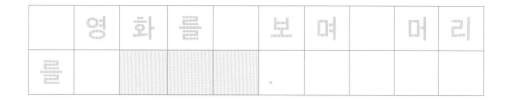

	영	화	를		보	며		머	리
를					.				

70 이따가

밥을 다 먹고 **이따가** 과일을 먹자.

	밥	을		다		먹	고		
			과	일	을		먹	자	.

71 장사

과일 **장사**를 시작했다.

	과	일				를		시	작
했	다	.							

72 장수

소금 **장수**가 큰 봇짐을 지고 왔다.

	소	금				가		큰	
봇	짐	을		지	고		왔	다	.

73 다치다

손을 **다쳐서** 병원에 갔다.

	손	을						병	원
에		갔	다	.					

넘어져 무릎을 **다치다**.

	넘	어	져		무	릎	을		
			.						

74 닫히다

병뚜껑이 꽉 **닫혀서** 열 수가 없다.

	병	뚜	껑	이		꽉			
		열		수	가		없	다	.

교문이 **닫혀** 있다.

	교	문	이					있	다

.

---

75 얼음

날이 따뜻해져서 **얼음**이 녹았다.

	날	이		따	뜻	해	져	서	
		이		녹	았	다	.		

76 ▶ 저리다

피가 통하지 않아 자꾸 **저리다**.

	피	가		통	하	지		않	아
자	꾸					.			

77 ▶ 절이다

김장 배추를 소금에 **절이다**.

	김	장		배	추	를		소	금
에					.				

78 ▶ 맡다

맡은 일은 끝까지 해내자.

					일	은		끝	까	지
해	내	자	.							

흙냄새를 **맡다**.

	흙	냄	새	를				.	

도서실에서 자리를 **맡다**.

	도	서	실	에	서		자	리	를
		.							

79   **핥다**

아이스크림을 **핥아** 먹으니 더 맛있다.

	아	이	스	크	림	을			
먹	으	니		더		맛	있	다	.

80 맞다

할머니께서 나를 반갑게 **맞이해** 주셨다.

	할	머	니	께	서		나	를	
반	갑	게						주	셨
다	.								

떨어진 물건에 머리를 **맞았다**.

	떨	어	진		물	건	에		머
리	를					.			

백 점을 **맞아** 기분이 좋다.

	백		점	을					기
분	이		좋	다	.				

81 찾다 / 찼다

잃어버린 장난감을 **찾다**.

	잃	어	버	린		장	난	감	을
		.							

82 나이

나의 **나이**는 여덟 살이다.

	나	의			는		여	덟
살	이	다	.					

할아버지는 **연세**가 많습니다.

	할	아	버	지	는				가
많	습	니	다	.					

83 제발

제발 간지럽히지 마세요.

				간	지	럽	히	지	
마	세	요	.						

84 재발

사고가 **재발**하는 것을 막기 위해서 주의하세요.

	사	고	가				하	는	
것	을		막	기		위	해	서	
주	의	하	세	요	.				

85 깊다

수영장에 수심이 **깊다**.

	수	영	장	에		수	심	이	
			.						

언니는 생각이 **깊어서** 칭찬을 받는다.

	언	니	는		생	각	이		
			칭	찬	을		받	는	다

86 가르치다

문예원에서는 글쓰기를 **가르친다**.

	문	예	원	에	서	는		글	쓰
기	를						.		

87 가리키다

손가락으로 교무실을 **가리켰다**.

	손	가	락	으	로		교	무	실
을						.			

88 넘다

저 언덕을 **넘어가면** 학교가 있다.

	저		언	덕	을				
		학	교	가		있	다	.	

우리반은 열 명이 **넘는다**.

	우	리	반	은		열		명	이
		.							

산을 **넘다**.

	산	을				.			

89 당기다

줄다리기 시합에서 모두 힘을 합해 줄을 **당겼다**.

	줄	다	리	기		시	합	에	서
모	두		힘	을		합	해		줄
을					.				

굶었더니 식욕이 **당겼다**.

	굶	었	더	니		식	욕	이	
			.						

90 들르다

학교에 가는 길에 문방구에 **들르다**.

	학	교	에		가	는		길	에
문	방	구	에					.	

91 ▶ 찌개

된장**찌개**를 밥에 비벼 먹으면 참 맛있어.

	된	장			를		밥	에	
비	벼		먹	으	면		참		맛
있	어	.							

92 ▶ 식사

가족이 함께 **식사**를 하기 전에 할머니께 ***진지** 드시라고 말씀 드렸다.

	가	족	이		함	께			
를		하	기		전	에		할	머
니	께					드	시	라	고
말	씀	드	렸	다	.				

* '식사'의 높임말

93 ▶ 매다

나뭇가지에 끈을 **매어** 놓았다.

	나	뭇	가	지	에		끈	을	
			놓	았	다	.			

94 메다

슬픈 장면을 봐서 목이 **메었다**.

	슬	픈		장	면	을		봐	서
목	이					.			

어깨에 배낭을 **메다**.

| | 어 | 깨 | 에 | | 배 | 낭 | 을 | | |
| | . | | | | | | | | |

고구마를 빨리 먹었더니 목이 **메다**.

| | 고 | 구 | 마 | 를 | | 빨 | 리 | | 먹 |
| 었 | 더 | 니 | | 목 | 이 | | | . | |

95 › 같이

모두 **같이** 기뻐서 노래를 불렀다.

	모	두					기	뻐	서
노	래	를		불	렀	다	.		

96 업다

다리를 다친 친구를 **업고** 보건실로 데려다 주었다.

	다	리	를		다	친		친	구
를					보	건	실	로	
데	려	다		주	었	다	.		

97 없다

우리 생활 속에 **없으면** 불편한 것은 무엇일까?

	우	리		생	활		속	에	
				불	편	한		것	은
무	엇	일	까	?					

98 > 내

나의 꿈은 선생님이 되는 것이다.

				꿈	은		선	생	님
이		되	는		것	이	다	.	

99 > 네

너의 집은 어느 쪽이니?

				집	은		어	느	
쪽	이	니	?						

100 > 곧

아버지께서 **곧** 도착하신다고 한다.

	아	버	지	께	서				도
착	하	신	다	고		한	다	.	